Collection
Pour en finir avec

Collection **Pour en finir avec**

Inégalités, exploitations, dominations, pollutions… Si aujourd'hui les constats catastrophistes se multiplient, les «faiseurs d'opinion» et les universitaires –souvent de gauche– dissimulent systématiquement les racines de l'oppression sous un vernis réformiste et misérabiliste. La collection **Pour en finir avec** développe des analyses radicales qui ébranlent les situations d'aliénation que nous vivons au quotidien.

DANS LA MÊME COLLECTION

_*Pour en finir avec le sexisme*
Guillaume Carnino, 2005

_*La Tyrannie technologique. Critique de la société numérique*
Collectif, 2007

_*Contre les jouets sexistes*
Collectif, 2007

_*Un futur sans avenir. Pourquoi il ne faut pas sauver la recherche scientifique*
Collectif, 2009

_*Divertir pour dominer. La culture de masse contre les peuples*
Offensive, 2010

_*Footafric. Coupe du monde, capitalisme et néocolonialisme*
Ronan David, Fabien Lebrun et Patrick Vassort, 2010

_*L'Horreur managériale. Gérer, instrumentaliser, détruire*
Étienne Rodin

ÉDITIONS L'ÉCHAPPÉE
32 av. de la Résistance
93 100 Montreuil
lechappee@no-log.org
www.lechappee.org

graphisme **atelier des grands pêchers**
(atelierdgp@wanadoo.fr)

correction **Lionel de La Fouchardière**

dépôt légal **1er trimestre 2012**
isbn **978-29158303-5-4**
impression **Corlet**

CONTRE LES PUBLICITÉS SEXISTES

SOPHIE PIETRUCCI, CHRIS VIENTIANE
ET AUDE VINCENT

ÉDITIONS L'ÉCHAPPÉE

REMERCIEMENTS DES AUTEURES

Merci à tou-te-s les militant-e-s du Collectif contre le publisexisme depuis 2001, et en particulier à Colyne, Laëtitia, Flo et Sylvie.
Merci à Andrée Michel, Stéphanie Kunert, Bruno, Caroline, Franck, Guillaume, Kevin, Lola, Olive, Sandrine.
Merci à la librairie Violette and co, aux Archives recherches cultures lesbiennes de la Maison des femmes de Paris, à la bibliothèque féministe Marguerite Durand ainsi qu'au réseau des bibliothèques municipales de Paris, et aux médiathèques de Bagnolet et Montreuil.
Nous remercions Sylvie Le Bon de Beauvoir de nous avoir autorisés à reproduire l'article « La femme, la pub, la haine ».

INTRODUCTION

UN LIVRE entier sur la publicité sexiste, pour quoi faire ? Ne serait-ce pas surestimer l'importance du phénomène ? En France, en 2011, l'égalité politique entre les hommes et les femmes est inscrite dans la loi. Depuis un siècle, les femmes ont gagné l'accès à l'éducation. Leur salaire leur appartient et elles n'ont plus besoin de l'accord de leur mari ou de leur père pour en jouir. Leur autonomie politique est reconnue : elles peuvent voter, être élues et participer à la vie politique. Les violences sexuelles qu'elles peuvent subir de la part des hommes sont des délits ou des crimes, et non plus des « accidents » ou des atteintes à l'honneur de leur famille. Généralement, elles ne sont plus obligées d'avorter dans la clandestinité. Grâce aux luttes féministes, de grands pas ont donc été franchis pour contrecarrer l'infériorité dans laquelle la société maintenait les femmes.

Pourtant l'égalité affirmée dans les textes est bien loin dans les faits. Ainsi en moyenne, une travailleuse touche 27 % de moins que son homologue masculin, tous temps de travail confondus. Des femmes de tout âge sont confrontées à la violence de la part des hommes dans la sphère privée. La fréquence des meurtres de femmes par leur compagnon (environ 200 par an) indique que ce problème est d'ordre social. Pourquoi une telle persistance des inégalités et des oppressions ? Sans doute, entre autres, parce qu'un système de pensée permet de les justifier. L'idée essentielle de ce système est que les hommes et les femmes seraient par nature inégaux parce que différents.

Cette pensée sexiste traverse notre quotidien sous la forme des stéréotypes. Le stéréotype vis-à-vis d'un groupe social, c'est une opinion à propos de ce groupe qui ne tient pas compte des particularités de ses membres. Il se transmet par le langage et par des images « préfabriquées, figées, présentes dans les esprits et que la collectivité fait circuler [1] ». Ce ne sont pas de simples représentations mais « une interprétation argumentée des rôles respectifs des sexes dans la société [2] », « des éléments de jeux de pouvoir et de domination [3] ».

La publicité est un vecteur puissant de la circulation des stéréotypes sexistes. Le publisexisme, c'est l'ensemble des images commerciales exposées dans l'espace public qui exploitent les clichés sexistes, les stéréotypes de la virilité et de la féminité, ou qui présentent l'hétérosexualité comme « naturelle » par rapport aux autres orientations sexuelles.

Les publicités cherchent à être efficaces pour mieux marquer nos esprits. Pour cela, leurs concepteurs s'appuient sur des codes préexistants qui vont toucher immédiatement le public. Ils recyclent donc les stéréotypes, mais, ce faisant, ils donnent une ampleur et une portée inédites aux idées qu'ils contiennent : « les femmes et les hommes sont inégaux par nature », par exemple, ou « il n'existe qu'un horizon sentimental et sexuel : l'hétérosexualité ». En exploitant ces stéréotypes, la publicité les propage et les renforce.

Décortiquer les images publicitaires et le sexisme qu'elles contiennent permet de mieux lire le discours qu'elles véhiculent. Les publicités ont redéfini l'idéal de la féminité, en phase avec la société de consommation. Cet idéal a intégré le désir d'affirmation des femmes et les mutations de la virilité, mais il repose encore sur la subordination des femmes aux hommes. Quand on songe à la publicité sexiste, on pense aussitôt aux images de femmes jeunes, jolies et dénudées utilisées pour vendre toutes sortes de produits. Ces images saturent l'espace public. On sait, d'après certains sondages, qu'en France la population manifeste une lassitude par rapport à ces publicités (46 % des gens sont choqués par la manière dont on montre les femmes dans la publicité[4]).

Les questions que nous posons face à ces images publicitaires sont d'ordre politique : qui les fabrique, que disent-elles, qui servent-elles ? Nous ne voulons pas seulement dénoncer des publicités particulièrement choquantes mais tenter de décrire un système d'images sexistes. Nous choisissons donc d'analyser les publicités parce qu'elles en disent long sur les stéréotypes qui structurent notre société.

Ces accumulations de stéréotypes ne nous laissent pas indemnes. Les normes sexistes qu'ils véhiculent imprègnent l'espace public, les rapports sociaux et nos consciences des valeurs de domination, de mépris et de soumission, et se répercutent sur les comportements. Nous construisons nos identités et nos vies en fonction du monde qui nous entoure, dont la publicité fait partie. Il est donc important de lutter contre ce système de représentations, pour déconstruire la pensée sexiste qui justifie le patriarcat.

Les analyses que nous développons dans les pages qui suivent sont souvent issues d'une pensée collective, principalement celle des différents groupes qui ont porté le mouvement des femmes des années 1970, et celle des militantes et militants du Collectif contre le publisexisme depuis 2001. Ces réflexions féministes nous paraissent être des armes utiles et indispensables pour déconstruire l'idéologie de la domination et mieux la combattre.

CHAPITRE I
POURQUOI S'ATTAQUER À LA PUBLICITÉ ?

« Dites aux gens qu'ils sont dégoûtants, qu'ils ne sentent pas bon et qu'ils ne sont pas beaux. »
Eugène Schueller, fondateur de L'Oréal, à ses commerciaux [1]

LE SYSTÈME DE LA PUBLICITÉ

Dans notre quotidien, la publicité est omniprésente : dans l'espace public, dans les médias, elle s'immisce chez nous, dans nos boîtes aux lettres, sur les messageries numériques, sur Internet, sur les téléphones portables, etc. 2 500, c'est le nombre de messages publicitaires que nous absorbons chaque jour en moyenne [2]. Bref, nous vivons « dans » la publicité. À force, nous oublions de mesurer l'importance de ces messages et de ces images, nous oublions de les examiner pour les critiquer et les remettre en question. Or, pour comprendre le poids du publisexisme, il faut en passer par l'examen de la publicité en général. En effet, la dimension sexiste d'un très grand nombre de messages publicitaires ne découle pas d'une dérive récente : elle est liée à la logique même de la publicité.

Qu'est-ce que la publicité ?

On peut définir la publicité comme « l'industrie de promotion de l'industrie [3] ». Elle est une branche du markéting, cette pseudo-science de la vente qui comprend aussi les études de marché, les sondages, le markéting direct (les promotions, par exemple) ou encore le packaging (l'étude de l'emballage du produit). Le but du publicitaire est simple: c'est «vendre et rien d'autre», disait David Ogilvy, grand patron publicitaire des années 1950[4]. Le but de la publicité est le même aujourd'hui: nous faire acheter une marque pour conquérir des marchés ou des parts de marché, dans un contexte de concurrence féroce. Depuis la fin des années 1990, la publicité ne vend plus tant des produits que l'image des marques.

Si on définit la publicité par son action, on peut dire qu'elle est une forme d'influence exercée sur le public pour conditionner son achat. Elle est une usine à produire du langage persuasif: elle veut nous amener à adhérer positivement au produit pour que nous l'achetions. «Notre travail, explique le PDG d'une grande agence mondiale, est de créer du contenu qui *capture* et retient les consommateurs suffisamment longtemps pour leur apporter un message, une démonstration ou une expérience qui change ce qu'ils pensent, ce qu'ils ressentent et, plus important, ce qu'ils font concernant les produits de nos clients[5].» Les publicitaires actuels veulent créer des «*love marks*» (des «marques d'amour»), autrement dit «des marques qui inspirent une loyauté au-delà de la raison[6]».

La stratégie des publicitaires est généralement de prétendre que nous sommes libres, en insistant sur la possibilité que nous avons de choisir entre plusieurs marques. Ce que les publicitaires ne nous disent jamais, c'est que l'on peut choisir... de ne pas consommer. Le propre de la manipulation est d'endormir la méfiance pour mieux obtenir le comportement voulu chez l'autre. C'est pourquoi la publicité veut se faire passer pour de la communication, voire même de la culture. En fait, les publicitaires ont un double discours. Quand ils s'adressent au public, ils laissent entendre que la publicité n'exerce aucune véritable influence sur lui [7]. Et quand ils parlent à l'annonceur qui est leur client, ils l'assurent qu'ils ont le pouvoir d'influencer les consommateurs.

On peut penser que la pub n'a aucun pouvoir sur nous, qu'elle est amusante ou fascinante, ou au contraire insignifiante, quoi qu'il en soit, elle agit sur nous, et cela n'a rien à voir avec notre intelligence. Les techniques et les technologies mises en œuvre par les publicitaires servent à nous atteindre en captant notre attention. La publicité se sert principalement de nos émotions, de nos sentiments et de nos sensations, domaines dans lesquels nous sommes tou-te-s vulnérables. Les concepteurs des images publicitaires utilisent tous les subterfuges pour nous appâter. L'érotisation, l'humour, la beauté esthétique, les effets spectaculaires, la connivence (en prétendant partager les valeurs des jeunes en particulier), le choc ou encore la provocation sont autant de moyens de marquer les esprits.

De la réclame au markéting viral

Le développement de la publicité est intimement lié à celui du système capitaliste. Dès la fin du XVIIIe siècle, des annonces publicitaires naissent pour écouler les surplus de marchandises produits par l'économie de marché balbutiante. Dans les années 1840, apparaissent les premières agences de publicité en Grande-Bretagne et aux États-Unis. Elles se contentent de placer les annonces dans les journaux, avant de fabriquer elles-mêmes les réclames. Pendant la Première Guerre mondiale, les publicitaires affûtent leurs techniques de persuasion à travers les affiches de propagande, notamment pour le recrutement de volontaires pour l'armée [8]. Cette période a représenté une sorte de démonstration de la force des techniques de la publicité moderne, qui seront mises ensuite au service des marques.

À partir de l'entre-deux-guerres, aux États-Unis, le markéting se met à étudier en profondeur le psychisme humain pour prévoir les motivations de l'acheteur. Edward Bernays, auteur de *Propaganda* (1928) et neveu de Sigmund Freud, encourage l'utilisation de la psychologie pour orienter l'opinion publique. Au fil des décennies, les études publicitaires vont scruter nos habitudes, nos réflexes, nos valeurs, le fonctionnement de notre mémoire, de nos croyances ou de notre comportement affectif. Les spécialistes des sciences humaines (sociologues, psychologues, ethnologues) apportent aussi leur concours à la publicité en tentant de cerner les mécanismes collectifs de la consommation[9]. Depuis les années 2000, le markéting se sert d'une technique médicale, l'imagerie par résonance magnétique fonctionnelle (IRM)[10]. Celle-ci permet d'étudier le cortex préfrontal médian, « associé à l'image de soi et à la connaissance intime que l'on a de soi-même[11] », pour déterminer comment peut se produire une identification à la marque.

Par ailleurs, les statistiques, les sondages, les tests sur des panels de consommateurs scrutent nos habitudes d'achats à tous les instants de nos vies. Avec Internet, les professionnels du markéting disposent d'un outil idéal pour recueillir des informations sur leurs cibles. Les données que nous échangeons sur les tchats, les forums, les blogs et les sites spécialisés ont en effet une grande valeur markéting. Des sociétés spécialisées dans l'« écoute » d'Internet les récoltent, les compilent, les revendent sous forme de banques de données à des sociétés qui pourront étudier des tendances de consommation et envoyer par mail des offres commerciales ultra ciblées. Les réseaux numériques dits sociaux sont aussi d'incroyables sources d'informations. Par exemple, Facebook était propriétaire, en 2011, des données personnelles de 630 millions de membres, qui valaient de l'or pour le markéting[12].

On le voit, dans le markéting, tout est étudié aussi scientifiquement que possible et rationalisé à l'extrême. Et quand il s'agit de concevoir des campagnes publicitaires, rien n'est laissé au hasard. Un arsenal considérable de stratégies publicitaires a ainsi été mis au point. Le *teasing*, par exemple, vise à éveiller la curiosité du spectateur par un message publicitaire en plusieurs étapes, comme un feuilleton. Le *people* markéting consiste à payer des célébrités pour qu'elles arborent en toute occasion les habits, les chaussures ou les accessoires de la marque, à la manière des hommes ou des femmes-sandwichs d'autrefois. Le *street* markéting (markéting de rue) consiste à attirer l'attention des passants avec des formes spectaculaires (projection d'images sur des façades, fresques humaines avec des figurants...). Cela peut même aller jusqu'à mettre en scène des pseudo-manifestations politiques en payant des figurant-e-s pour jouer les manifestant-e-s tout en faisant la promotion de la marque en question[13].

L'une des méthodes les plus répandues est le markéting viral. Il repose sur un mécanisme psychologique simple : plus on voit des personnes de confiance acheter et utiliser un produit, plus on est incité à les imiter et à acheter ce produit à notre tour. C'est une sorte de bouche-à-oreille programmé à l'avance. La marque de boîtes en plastique Tupperware lui doit son succès au travers des réunions « entre amies » à partir des années 1950. Internet a démultiplié la puissance de cette technique. Le *buzz* markéting en est une déclinaison : la différence est que le message diffusé est conçu par l'annonceur. En un clic, un internaute transfère une vidéo à un autre, qui lui-même l'envoie à ses contacts, etc. La messagerie Hotmail s'est fait connaître de cette manière. Les réseaux numériques dits « sociaux » servent aussi à cela. Les marques créent des pages Facebook : à chaque fois qu'un membre devient fan de la marque, tous ses « amis » l'apprennent : il devient ainsi un propagateur de la marque. En 2011, trois millions de pages de marques étaient actives, et, chaque jour, plus de 20 millions de personnes devenaient fans d'une marque quelconque [14].

Le markéting collaboratif, autrement dit la publicité interactive, est aussi en plein développement. Ce sont, par exemple, les lectrices d'un magazine invitées à voter pour un produit, des enfants qui envoient leur photo pour devenir star de pub, des jeunes qui proposent leur propre film comme spot publicitaire. Les consommateurs sont présentés comme les « co-concepteurs » de la publicité et, surtout, ils ont l'impression de ne plus être des cibles passives. Comme le disait le publicitaire américain Howard Gossage dans les années 1960, « il faut impliquer les consommateurs dans la publicité », car « quand vous tendez un piège, il faut toujours laisser la place pour la souris [15] ».

Une présence envahissante

Les agences publicitaires appartiennent généralement à des multinationales (Omnicom, WPP, Dentsu, Publicis) qui possèdent de véritables empires dans le domaine de la « communication ». Chacune dispose de plusieurs sociétés dans la publicité, mais aussi dans les relations publiques (qui s'occupent de l'image médiatique d'entreprises), le service média (qui place les publicités dans les médias), le conseil en markéting politique, le lobbying, etc. La publicité française est, avec celle du Royaume-Uni, la plus puissante d'Europe, avec une société comme Publicis dont le chiffre d'affaires était de 5,4 milliards d'euros en 2010[16].

Ces multinationales contrôlent l'espace médiatique de plusieurs manières. Elles exercent un contrôle direct lorsqu'elles sont propriétaires d'un groupe audiovisuel (Bouygues, avec le groupe TF1) ou d'un groupe de presse (LVMH, avec le groupe Les Échos). Elles exercent aussi un contrôle de manière indirecte *via* l'achat d'espaces publicitaires. Car la radio, la télévision et la presse, dans la majorité des cas, dépendent de la vente de ces espaces publicitaires.

Par ailleurs, la publicité formate l'information diffusée. Le contenu des médias (émissions, articles, « infos »...) est, en effet, pensé en fonction de la publicité qui l'accompagne pour que celle-ci soit plus efficace. La plupart du temps, l'information donnée va éviter le registre de l'analyse, car on sait que la présentation d'une analyse au lecteur ou au téléspectateur va l'inciter à réfléchir et à développer son esprit critique – or, l'esprit critique est peu favorable à la consommation des spots publicitaires[17]. C'est ce qu'a bien expliqué le président de TF1, Patrick Le Lay : « Nos émissions ont pour vocation de le rendre disponible [le cerveau du téléspectateur], c'est-à-dire de le divertir, de le détendre pour le préparer entre deux messages. Ce que nous vendons à Coca-Cola, c'est du temps de cerveau humain disponible[18]. »

Dans la presse, le développement des publi-reportages montre l'influence de la publicité sur le contenu d'un journal. Ces annonces utilisent le style journalistique pour faire de la promotion de produits touristiques, cosmétiques, multimédia, etc. Parfois, des marques vont même jusqu'à devenir éditrices en créant leur propre magazine ou leur propre chaîne de télé.

Dans l'espace public, les publicitaires conquièrent chaque jour de nouveaux supports : les wagons de métro, les parasols des cafés, les cabines d'ascenseurs, les toilettes de bar, les bus, etc. (« les coefficients de mémorisation » seraient exceptionnels en situation d'attente). De nouvelles technologies d'affichage sont venues s'ajouter aux affiches éclairées et aux panneaux déroulants : les panneaux numériques dits « interactifs » qui envoient des publicités sur les téléphones portables des passants[19]. Avec ces technologies, la ville devient un espace publicitaire « hyperactif ».

Les publicitaires cherchent à faire tomber la méfiance du public, épuisé d'être assailli en permanence par les pubs. Les publicités actuelles sortent donc des cadres habituels. Pour brouiller les pistes, elles apparaissent là où on ne les attend pas: dans un clip, un jeu vidéo, un blog, une mallette pédagogique distribuée aux écoliers. Depuis longtemps, on trouve de la publicité déguisée au cinéma: le placement de produits permet aux annonceurs de faire une promotion discrète à l'intérieur même des films[20]. Des marques s'associent même avec les réalisateurs ou les actrices[21]. Peu à peu, les marques deviennent elles-mêmes des productrices culturelles, en produisant des concerts, par exemple[22]. C'est le nouveau concept d'*advertainment*, mot-valise né du croisement entre *advertising* (publicité) et *entertainment* (divertissement).

Une vraie tromperie est pratiquée par les marques, de l'agroalimentaire en particulier : celles-ci se présentent comme expertes en nutrition en donnant des conseils ou en organisant des stages. Et les fabricants de produits hygiéniques jouent, par exemple, les éducateurs de santé dans les collèges[23].

La publicité est-elle efficace ?

On l'a vu, la publicité contemporaine utilise tous les moyens possibles pour nous conditionner à l'achat. Y parvient-elle ? Comme l'ont découvert les chercheurs en markéting des années 1930, le fait d'être en contact avec une publicité pendant un certain temps nous fait automatiquement mémoriser la marque en question. Le nom en devient familier et c'est lui que nous allons privilégier face à des marques inconnues.

Les marques les plus puissantes sur le marché le sont devenues grâce à des dépenses markéting colossales, et en particulier grâce à des publicités massives, spectaculaires et quasi omniprésentes. Coca-Cola, longtemps la marque la plus chère au monde (jusqu'en 2010), dépense chaque année environ 1,7 milliard de dollars en publicités destinées aux 200 pays où elle est présente. Toutes les minutes, une publicité vante cette boisson sur l'une des chaînes de télévision de la planète. La société Nike, numéro un des chaussures de sport, a dépensé un milliard d'euros en publicité et en markéting en 2004[24]. En 2008, la branche française de McDonald's a, elle, consacré 148 millions d'euros à la communication publicitaire (l'équivalent de 4,5 % de son chiffre d'affaires[25]). Si l'on doute de l'efficacité de la publicité, il faut se demander pourquoi des entreprises cotées en Bourse choisissent de dépenser des milliards de dollars par an. Si elles n'étaient pas certaines que cela aura un impact positif sur leurs ventes, elles ne prendraient jamais le risque d'y consacrer autant d'argent.

Toute campagne de publicité réussie se traduit par une plus grande notoriété de la marque et, surtout, par une hausse des ventes. Dès les débuts de la publicité moderne, on a pu mesurer ses succès. Par exemple, en 1913, les réclames pour le savon Cadum envahissent les murs de l'Hexagone avec le visage du célèbre « bébé Cadum » et cela durera des décennies. En une dizaine d'années, la société détiendra 50 % du marché de la savonnette et des produits d'hygiène. Le nom du produit passera même dans le langage courant... Dans les années 1920, des compagnies de tabac américaines ciblent les femmes pour étendre leur marché. Résultat : le nombre de fumeuses aux États-Unis passe de 5 à 18 % de la population en dix ans (de 1923 à 1933). En 1955, un fabricant de cigarettes jugées féminines (Philip Morris) a réussi à convaincre le public du caractère viril de ce produit en lui associant l'image d'un cow-boy. Grâce à une série de publicités célèbres, Marlboro est devenu numéro un à New York en à peine un mois. En France, grâce au personnage de la Mère Denis, la marque de lave-linge Vedette est passée en cinq ans de la neuvième place sur le marché à la deuxième place en 1977[26]. Aux États-Unis, en 1983, un spot télévisé « de choc » à la gloire des ordinateurs Mac Intosh, inspiré du roman de Georges Orwell *1984*, a fait augmenter les ventes de 40 %. Dans les années 1990, les affiches provocatrices du fabricant de pullovers italien Benetton lui ont permis de devenir la dixième marque la plus puissante de la mode[27]. En 2004, un spot pour Chanel n° 5 avec Nicole Kidman a fait multiplier par dix-sept les ventes du parfum[28].

On sait aussi que la marque de lingerie Aubade a augmenté ses ventes de 35 % en deux ans grâce à une campagne d'une longévité exceptionnelle[29]. Le marchand de lunettes Optic 2000 connaît, lui, une hausse systématique de 20 % de ses ventes après chaque campagne d'affichage où apparaît le chanteur Johnny Hallyday[30]. Quant à la vague de publicités provocatrices de Dior, en 2001, elle a fait vendre davantage certains produits de cette marque. Si la publicité, comme en témoignent ces exemples, s'avère redoutablement efficace pour nous vendre des produits, elle est également porteuse d'un discours politique.

DES IMAGES POLITIQUES

On l'a vu, les messages publicitaires sollicitent notre attention en permanence. Il est difficile de leur échapper. Qu'on les perçoive comme un matraquage, un harcèlement ou comme une toile de fond faisant partie du paysage, ils sont conçus pour que nous ne prenions pas de recul face à eux. Ils représentent une forme de pouvoir par la visibilité, sur nos sens et donc sur notre pensée. L'anthropologue des images W.J.T. Mitchell affirme qu'il faut considérer les images, en général, non comme des objets, mais comme des « agents » qui vont avoir un effet sur notre conscience[31]. Et l'un des effets des images publicitaires est de nous « faire croire ».

Le pouvoir de la publicité repose aussi sur la croyance générale que les images qu'elle donne à voir représenteraient le réel. C'est un fait, la publicité est devenue plus réaliste en passant du texte à l'image, puis du dessin à la photographie, et enfin du spot télévisé (depuis 1968, en France) au film diffusé sur Internet. Ces images fixes ou animées, dont nous savons parfaitement (du moins, les adultes) qu'elles sont artificielles, nous les prenons pourtant comme des reflets d'une réalité. « On a beau savoir que l'image est travaillée, cadrée, truquée, il n'empêche. Prises de vues, plans, contrastes et jeux des couleurs, plongées ou contre-plongées, zooms, etc., on le sait. N'en demeure pas moins le réflexe de base qui consiste à ajouter foi à ce qu'on voit[32]. » Ces images fausses sont bien des illusions qui nous poussent à croire, au moins suffisamment pour nous décider à l'acte d'achat.

La philosophe Marie-José Mondzain qui a analysé le rapport entre images et pouvoir estime que les images doivent laisser au spectateur la liberté d'avoir un point de vue personnel. Avec ce principe, elle affirme que la publicité ne produit pas d'images mais des « visuels », qui provoquent une adhésion qu'on pourrait appeler une « soumission du regard [33] ». Or, le regard est un enjeu majeur de la liberté, individuelle et politique. Comme le rappelle Marie José Mondzain, « celui qui a le monopole des visibilités a le pouvoir sur l'imaginaire et donc sur la vie de la pensée et la mort de la pensée elle-même [34] ». N'oublions pas que les images publicitaires sont le monopole d'un pouvoir particulier : le pouvoir économique et marchand.

Des images qui agissent sur nous

Les publicités font partie de la famille des images de propagande, c'est-à-dire qu'elles sont produites pour agir « de manière systématique sur l'opinion publique pour l'amener à accepter certaines idées ou doctrines [35] ». Autrement dit, les publicités répondent à « une volonté d'obtenir un effet sur le public, de conditionner son comportement [36] ». Les publicitaires utilisent les outils du discours qui vise à manipuler : dramatisation, amalgame, association, séduction ou diversion sont mobilisés, avec en particulier le principe de la répétition qui permet de transformer une idéologie en évidence. On peut donc dire que ces images commerciales sont politiques. Elles veulent transformer la société en nous transformant en consommateurs à tous les niveaux. En même temps, la publicité cherche à conserver certaines dimensions de la société, dont les mécanismes économiques et idéologiques sur lesquels repose le système capitaliste (valeurs néolibérales, idéologie du Progrès, culte de la technoscience, etc.)

On peut mesurer le pouvoir de la publicité sur les consciences en regardant l'exemple de pays « colonisés » par la publicité sur une période très courte, comme les pays de l'Est. En Pologne, au début des années 1990, quand les premiers spots publicitaires allemands sont arrivés, les préoccupations de la population ont rapidement changé. Du jour au lendemain, des étudiantes très actives dans la vie politique se sont jetées sur des produits dont elles n'avaient jamais fait usage (des teintures pour les cheveux, par exemple) : « En quelques années, la pseudo-réalité des publicités s'est imposée à l'imaginaire comme une sorte de méta-réalité[37]. »

En plus de nous pousser à acheter telle ou telle marque, les images publicitaires ont donc d'autres effets. Elles sont le vecteur de l'idéologie du système capitaliste. « La publicité porte en elle-même l'apologie de la société de consommation et de la culture de masse » explique Philippe Breton[38]. L'idéologie de la consommation, c'est penser, par exemple, que « la consommation résout tous les problèmes[39] ».

En agissant sur les comportements collectifs, la publicité nous « éduque » ou plutôt nous conditionne en quelque sorte à la surconsommation et au gaspillage. Et cela a des effets concrets. « Le surendettement, la perte de la notion de qualité au profit de la quantité sont les produits de la promotion de la consommation pour elle-même », comme le souligne le médecin Claude Got[40]. La consommation de masse a aussi pour conséquences la pollution industrielle et l'exploitation de la main d'œuvre des pays du tiers-monde et d'Europe de l'Est, ou encore la disparition de la biodiversité naturelle.

La publicité donne du poids aux stéréotypes, signes simplistes et réducteurs instantanément reconnaissables par tous. Elle fournit ainsi un terreau pour les discriminations. Elle a longtemps véhiculé des stéréotypes racistes comme celui du « bon nègre » dont l'emblème est le personnage publicitaire de Banania, de 1915 jusque dans les années 1950. Le tirailleur sénégalais, débonnaire et souriant reprenait la représentation caricaturale de l'homme noir avec de grandes dents blanches, des yeux exorbités et des lèvres rouges épaisses. Aujourd'hui, ce type d'image publicitaire a plus ou moins disparu, pourtant la publicité utilise encore l'image de l'homme noir comme figure exotique, comme objet sculptural fascinant et sensuel, comme personnage au caractère animal. De la même façon, l'image de personnes vieilles, malades, visiblement handicapées ou juste « différentes » physiquement sont pratiquement inexistantes dans les médias (quand elles existent, elles sont caricaturées ou embellies selon les critères de la beauté publicitaire). L'absence de ces images légitime sans doute les attitudes de peur ou de mépris envers des personnes au corps non conforme aux canons actuels.

Le formatage du désir

La publicité modifie considérablement les modes de vie et, en même temps, influence nos désirs personnels. Toute publicité consiste à susciter chez nous une envie ; ce désir deviendra vite une frustration, car la publicité ne peut combler aucun désir, elle n'est qu'un leurre. Cette frustration pourra se reporter sur le produit ou la marque dont il est question. Les publicitaires suscitent un désir précis : ressembler à ce qui nous est montré. Ainsi, « la publicité formate toutes les consciences à désirer, penser et même percevoir le monde de façon similaire[41] ».

Ses images donnent les normes, autorisent et légitiment des comportements en les présentant comme « normaux ». La publicité nous rend conformistes.

Le problème, c'est que « plus je consomme, plus je deviens identique à d'autres et plus je dois consommer toujours plus "à la mode" [...], pour justement me différencier des autres[42] ». En agissant sur notre désir et sur nos émotions, la publicité touche à une dimension essentielle de l'être: son identité. Selon Dominique Quessada, les marques sont devenues le signe de la « valeur d'être »: c'est autant la personne qui porte la marque que la marque qui porte la personne[43]. Les marques définissent l'individu-e mais aussi les liens sociaux. Des spécialistes du markéting estiment que les marques qui visent les jeunes sont un « passeport social des ados », des « marqueurs d'égalité sociale », un « élément de structuration identitaire », des repères plus puissants « que les politiques ». Elles seraient même « plus fiables que certains parents[44] » !

François Brune a pour sa part identifié trois formes d'influence exercées par la publicité. Elle nous porte à adhérer à un modèle de bonheur (jouir, rêver, croire, tout consommer). Elle impose un mode de pensée (elle fait prédominer « les conduites-réflexes sur toute démarche réfléchie »). On peut même dire que la publicité nous place dans une situation d'infantilisation, car elle encourage en nous l'impulsivité et l'attirance vers le plaisir immédiat, sans prendre de distance. Enfin, elle érige un modèle de communication unilatérale. Le modèle publicitaire est repris et copié par des associations, pour des campagnes de prévention par exemple, alors que d'autres méthodes de communication pourraient être appliquées. Il s'érige ainsi comme une référence incontournable.

LA PUBLICITÉ SEXISTE

On peut penser que la publicité moderne a toujours été sexiste, car à partir du moment où elle est devenue visuelle, dans les années 1850, la figure féminine a été utilisée systématiquement comme faire-valoir. Les illustrateurs se sont saisis des images de la féminité, synonymes de « séduction ». Les personnages représentés sont la cliente potentielle, des figures allégoriques et des types féminins associés à des valeurs (la fermière, la grand-mère, etc.). Les deux premières catégories sont les plus utilisées : ces figures répondent aux canons de beauté de l'époque et attirent l'œil des passant-e-s et des lecteur-trice-s. Elles servent à évoquer la beauté, le mystère, la distinction, le raffinement. La cliente potentielle a les traits d'une dame de la bourgeoisie ; c'est la cible de l'époque.

Dans les années 1880, l'illustrateur Jules Chéret est l'un des premiers à créer un type de femme récurrent dans les affiches : la « Parisienne », figure dynamique associée à la modernité. Les « Chérettes », comme on les a appelées, vantaient aussi bien les mérites de produits comme le savon, le corset, le pétrole pour les lampes. C'est la technique dite du « déplacement », qui consiste à placer dans la réclame une image de jeune femme séduisante qui n'a aucun rapport avec le produit. 130 ans plus tard, c'est encore une technique publicitaire de base[45].

La réclame, qui est au service notamment de l'industrie de la beauté balbutiante, va construire peu à peu un type unique de beauté. À la fin du XIXe siècle, c'est l'élégante à la taille de guêpe. Dans les années 1920, les femmes-publicité abandonnent le corset et montrent davantage leur corps. Les normes ont changé : silhouette longiligne, dynamisme des mouvements, cheveux raccourcis.

La représentation de la femme érotisée que reprend la publicité suit les codes précis déjà à l'œuvre dans l'histoire de l'art et dans la culture de masse. On retrouve les thèmes liés à la nudité féminine propres à la peinture européenne : femme à sa toilette, nus académiques, déesses sortant de l'onde, etc. Cela dit, le lien entre érotisme et beauté n'était pas systématique dans ces images. Pendant longtemps, la beauté physique féminine est plutôt représentée comme chaste, ou encore mystique. La production d'images proprement érotiques (destinées aux hommes) circulait sous le manteau jusqu'au début du XXe siècle. À cette période, les images évoquant le désir érotique prennent place dans l'espace public, avec les affiches des cabarets de la Belle Époque. Ces références seront rapidement reprises par les publicitaires pour vanter des savons ou des talcs. Dans les années 1930, apparaît la notion de *sex-appeal*, qualité mystérieuse capable « d'éveiller les sens et l'amour » chez celui qui regarde.

Après-guerre, on voit émerger dans les médias un type qui va être déterminant : celui de la pin-up. Celle-ci possède les attributs physiques féminins poussés à leur extrême : la fraîcheur de la jeunesse, la taille fine, les seins « en obus », les jambes interminables, les fesses hautes, elle est vêtue de manière à mettre en scène ses formes. Ces dessins de femmes aux mensurations irréalistes sont un mélange d'érotisme et de candeur chaste (conformément à la morale américaine qui les a vus naître). Ils ont servi la « politique de réconfort » de l'État américain envers les jeunes recrues envoyées au front pendant la Seconde Guerre mondiale : distribution de cartes postales et de bandes dessinées de pin-up, peintures de jolies filles sur les bombardiers pour « porter bonheur ».

Cette production d'images érotiques à destination des hommes est diffusée massivement dans les médias. La « femme érotique » devient l'emblème des désirs collectifs au sein d'une société puritaine. Elle est utilisée notamment par la marque Coca-Cola qui mise encore aujourd'hui sur cette imagerie. En France, les pin-up à l'américaine servent à vendre notamment des apéritifs[46]. Pendant les Trente Glorieuses, la France met la pin-up à la sauce nationale avec des dessinateurs comme Aslan et Brenot qui prennent pour modèle Brigitte Bardot. À partir des années 1960, le corps féminin dénudé devient le symbole de l'hédonisme et de la jeunesse, valeurs en vogue récupérées par la publicité. Celle-ci associe émancipation des corps et consommation, en appuyant son propos par des images de femmes dénudées.

Dans les années 1970, en adoptant l'image photographique, la publicité s'inspire d'un autre type d'images érotiques : les playmates. Ce sont des images de mannequins, plus dénudées et plus provocatrices, qui « prennent des poses suggestives et regardent le public droit dans les yeux[47] ». Le magazine masculin *Playboy* en a inventé le concept en 1955 : depuis, chaque mois, la publication livre un poster représentant une jeune femme nue décrite comme « la voisine d'à côté », autrement dit une fille banale. Le fantasme inaccessible de la pin-up est proposé ici comme une réalité à portée de main.

Avec les années 1980, la provocation et le recours à des références plus directement sexuelles font leur apparition dans la publicité. L'exemple le plus marquant est une campagne de 1981 pour un affichiste fondée sur le suspens et le voyeurisme. À la fin de l'été, les murs des villes se sont couverts d'une affiche montrant une jeune femme mince photographiée en maillot de bain deux-pièces qui nous regardait en face. Le slogan est: «Le 2 septembre, j'enlève le haut.» Le jour dit, l'affiche présenta la même mannequin, la poitrine dénudée. Le slogan est devenu: «Le 4 septembre, j'enlève le bas[48].» Deux jours plus tard, la mannequin était entièrement dévêtue et nous tournait le dos. Cette campagne, sorte de striptease publicitaire, marque le franchissement d'un degré de plus dans l'exploitation du corps féminin comme «enseigne marchande».

Depuis les années 2000, la logique de surenchère qui caractérise la concurrence publicitaire s'intensifie. Cette surenchère se traduit par des images souvent spectaculaires, un érotisme obsessionnel, des sous-entendus sexuels récurrents, des scènes brutales, des slogans parfaitement ineptes. Les jeux de mots ambigus et les images allusives qui se réfèrent à la pornographie se multiplient. Les médias eux-mêmes parlent de «porno chic» pour désigner les publicités des marques de luxe qui font référence à des pratiques sexuelles extrêmes (sadomasochisme, surtout). Ils inventent aussi le terme *shockvertising* (calqué sur *advertising*, publicité) pour les publicités les plus brutales.

Le publisexisme, c'est donc surtout la publicité qui utilise les images de la féminité comme une matière première. Le corps féminin permet de jouer sur différents ressorts indispensables à la publicité : la séduction pour attirer, l'esthétisme pour flatter l'œil, et le désir sexuel pour créer de la frustration. Car la publicité veut «renforcer la corrélation instinctive entre le désir sexuel et la pulsion d'achat[49]». «La publicité doit, pour nous pousser à consommer, dans un premier temps, créer le besoin; puis, transformer le malaise ainsi engendré par son manque en transfert sur l'objet censé y remédier. C'est ce que l'on appelle "l'achat de compensation" qui est une réponse aux frustrations créées et entretenues par la publicité. L'imposition incessante de modèles d'identification inatteignables renforce encore ces frustrations[50]. »

La publicité, pour vendre, insiste sur l'appartenance des produits à l'univers féminin ou masculin, comme deux mondes cloisonnés et étanches. Elle a donc aussi recours aux clichés liés à la virilité et à l'hétérosexualité. Dans une moindre mesure, la publicité exploite des stéréotypes liés à l'homosexualité et à la transsexualité (quand une personne change définitivement d'identité sexuelle).

Notre critique de la publicité sexiste ne porte pas exclusivement sur la représentation de la nudité, contrairement à certain-e-s qui estiment que les images de personnages dans des situations « intimes » ne devraient pas être diffusées. Disons-le d'emblée, les images de la nudité féminine, comme de la nudité masculine, en tant que telles, ne nous paraissent pas poser problème. D'abord parce que la nudité n'est pas nécessairement érotique, et qu'une véritable libération des corps permettrait d'avoir un rapport plus tranquille avec la nudité et de créer des représentations intéressantes, émouvantes ou expressives. Nous n'avons rien contre les images érotiques, mais il nous paraît nécessaire d'interroger leur sens, leur portée et leur caractère normatif. Le problème des publicités qui mettent en scène l'érotisme est d'abord que ces figures sont imposées massivement à tou-te-s, ensuite, qu'elles ont une fonction précise : nous faire acheter.

Notre critique ne porte pas non plus sur le caractère dégradant de certaines images : cet argument sous-entend que les images doivent toujours être « dignes », et renvoyer à une représentation valorisante des femmes, des homosexuels ou des lesbiennes. La dignité nous paraît une notion floue et arbitraire. Serait-il satisfaisant que les images des femmes soient dignes tout en continuant à représenter la domination ? Dans la critique du publisexisme, il nous paraît important de ne pas faire l'amalgame entre les images et ce qu'elles sont censées dire. Par exemple, les images de pratiques masochistes sont critiquables non pas tant pour le sujet représenté (une forme de sexualité minoritaire), mais par ce qu'elles servent à dire.

La publicité est donc un système puissant et manipulateur. Elle s'appuie sur les normes et les stéréotypes existants, notamment le sexisme. Nous allons détailler les formes que prend le publisexisme, et les mécanismes qu'il utilise dans les deux chapitres qui suivent.

CHAPITRE 2

LE PUBLISEXISME : L'IMAGE DES FEMMES

« Une société de consommation qui refuse de consommer, c'est comme une jolie femme qui refuse de faire l'amour. » Jacques Séguéla [1]

Le publisexisme repose essentiellement sur les images de la féminité. Il met en scène des « femmes-publicité » : nous employons ce terme pour souligner qu'il s'agit bien d'une fiction, et que l'image donnée n'est pas celle des femmes réelles, ni même celle de la mannequin professionnelle photographiée. « Nous savons [...] que les représentations des femmes sur les écrans ou sur le papier glacé des magazines et des panneaux publicitaires ne sont pas des femmes mais des messages sur les femmes [2]. » Ces femmes-publicité sont des injonctions visuelles : elles donnent l'exemple de la femme féminine qu'il faut désirer être (pour les femmes), et qu'il faut désirer « posséder » (pour les hommes). Les attributs de la féminité qu'elles défendent sont tout à fait traditionnels : en premier lieu la beauté, qui devrait être la préoccupation prioritaire de toute femme, et le fait d'être désirable sexuellement par les hommes. La féminité est aussi exploitée comme une caricature. Les défauts et les traits de caractère dits féminins sont régulièrement raillés. La femme-publicité sert également à rappeler les rôles sociaux traditionnels dévolus aux femmes, ces rôles dits « naturels » de la ménagère et de la mère, chargée d'élever les enfants. La publicité diffuse des stéréotypes sexistes quand elle représente la violence des hommes sur les femmes. Ces dernières sont fréquemment présentées comme des victimes passives, comme des objets de dérision, comme dans les blagues machistes. La publicité contribue à diffuser encore des fantasmes racistes concernant les femmes non blanches. En représentant des femmes, des « créatures féminines » irréalistes, le publisexisme dit que la féminité est d'abord un état de passivité.

LES STÉRÉOTYPES DE LA BEAUTÉ

La beauté n'est pas un absolu universel. La vision que l'on en a en Europe s'est construite au fil des siècles, comme l'a montré l'historien Georges Vigarello[3]. Les normes de beauté féminine ont donc varié suivant les époques, les régions et les classes sociales. Elles ont connu des évolutions importantes avec la modernité. L'attention s'est concentrée sur de nouvelles parties du corps, ce qui a créé des obligations esthétiques supplémentaires. Peu à peu, les femmes coquettes ont dû prendre en compte le bas du corps en plus du visage et du buste. L'idée que la beauté est un don du ciel a disparu, et celle qu'elle peut (et doit) s'acquérir par des techniques est apparue. « Il n'y a plus de femmes laides, il n'y a que des femmes qui se négligent », disait une réclame des années 1930. La beauté deviendrait une question de mérite personnel. Cette « démocratisation » de la beauté a été servie par le culte des stars de cinéma. Les femmes salariées de l'époque (employées, secrétaires...) apprirent à prendre soin de leur apparence tout en menant une vie active: « Menez une vie d'homme, mais restez femme » affirme un journal féminin de 1938 (*Confidences*). Cette recommandation dit bien que l'enjeu du travail de la beauté pour les femmes est de se différencier de l'homme.

La publicité fabrique la beauté pour la vendre. L'image photo et vidéo d'une femme-publicité est le résultat d'une longue chaîne de travail : la mannequin, c'est-à-dire une professionnelle sélectionnée, est maquillée, coiffée, habillée par d'autres professionnel-le-s puis « shootée » de multiples fois par un-e photographe qui travaille les effets spéciaux (la contre-plongée, par exemple, qui allonge les jambes). Les images sont ensuite retouchées grâce à des logiciels informatiques qui « corrigent » le corps, en transformant le grain de la peau, la silhouette, les formes, y compris la longueur des orteils. Tout cela pour obtenir une esthétique parfaitement irréelle. La beauté publicitaire est bien le résultat d'artifices et ne correspond à aucune réalité. Par exemple, une campagne de la marque de lingerie Wolford (vers 2000) montrait des mannequins dont les jambes surdimensionnées avaient l'air trois fois plus longues que leur buste. D'autres campagnes pour le mascara des marques Avon et L'Oréal (2007), dont l'un était censé allonger les cils « de 65 % », ont été officiellement accusées d'être mensongères : les mannequins photographiées portaient de faux cils[4] ! Les images trompeuses du publisexisme donnent le portrait robot de la Beauté (nous écrivons « Beauté » quand nous désignons la beauté physique obligatoire pour les femmes). Certains prétendent qu'il n'y a plus de modèle unique de Beauté, pourtant des critères précis existent toujours : la jeunesse et la minceur sont les plus fondamentaux.

Au travail de la beauté, tu te plieras

La Beauté peut s'acheter, c'est l'idée que la publicité martèle en permanence. Celle-ci s'est développée avec la naissance de l'industrie des cosmétiques au XIXe siècle. « Nous vivons en pleine liberté et cet état de chose a créé pour toute femme une responsabilité de sa beauté, on n'a plus d'excuses. » Ce constat sans appel d'une rédactrice de mode de 1857 dit déjà que la liberté féminine va avec l'obligation d'être belle[5].

Être belle, cela s'apprend. La mise en œuvre de la Beauté est explicite dans les campagnes pour les produits liés à l'embellissement. Les magazines féminins (qui ont remplacé les anciens traités de beauté) jouent un rôle décisif pour « éduquer » les femmes. Ils leur inculquent les bons gestes et leur interdisent tout ce qui serait nuisible à leur féminité. Le ton péremptoire des rédactrices de mode, qui admonestent les « paresseuses » et encouragent celles qui « s'accrochent », a toujours été de mise dans ce type de presse[6]. Ils jouent aussi un rôle important dans le processus de culpabilisation des femmes qui ne seraient jamais « assez » belles (comme elles ne seraient jamais « assez » séduisantes, « assez » maternelles, « assez » bonnes ménagères, etc.). Bien sûr, les revenus de cette presse sont intrinsèquement liés au marché de la Beauté, comme le montre le volume de la publicité dans ces magazines (*Elle, Marie-Claire*, etc.).

Les cosmétiques constituent l'outil indispensable dans ce vaste chantier permanent de la Beauté. Le corps est montré comme une matière malléable, une argile qui peut devenir ce que la femme voudra, au prix de la douleur qu'elle s'infligera. Cette épreuve est d'autant plus facile à accepter que depuis toutes petites, les femmes s'entendent dire qu'il faut souffrir pour être belle. La Beauté génère aussi un esprit de compétition entre les femmes. Comme l'affirmait déjà une annonce publicitaire pour un fard de la marque Nildé en 1928 : « Des yeux plus ou moins bienveillants vous jugent à tout moment et vous participez, que vous le vouliez ou non, à un concours de beauté[7]. »

Depuis ses débuts, la publicité met en scène des femmes en train de se « faire belle ». Au XIXe siècle, des gravures et des affiches reproduisaient des images de femmes se peignant ou enfilant leur corset. Les publicitaires actuels montrent les détails du travail de la Beauté, de manière pseudo-scientifique. Ils morcellent le corps, en font un objet à construire, à sculpter, à raboter, à gonfler ou à étirer. Entre les années 2003 et 2010, différentes affiches montraient des corps féminins soumis à des traitements étonnants : les cuisses d'une mannequin capitonnées comme un canapé (pour représenter les capitons), des cuisses pincées à l'aide de pinces à linge (qui mettent en évidence la cellulite), un cou enserré dans un mini-corset, des aiguilles plantées dans le crâne, des poids suspendus sous le menton ou sous un bras, qui distendent la peau (pour montrer le « relâchement » cutané)[8]. Ces images montrent des femmes victimes d'elles-mêmes qui brutalisent volontairement leur corps: on peut y voir la dimension masochiste du travail de la Beauté qui exige de maltraiter son propre corps. Les femmes sont aussi représentées comme des objets travaillés par la science et les techniques.

La Beauté contemporaine ne peut s'obtenir qu'au prix d'un travail acharné sur le corps. Si le corset comme instrument de contrainte physique a disparu, il est toujours présent de manière invisible dans les esprits et dans le rapport que les femmes entretiennent avec leur corps. Désormais, toutes les zones du corps doivent être contrôlées pour atteindre la forme idéale. La liberté corporelle acquise par les femmes au cours des dernières décennies a tout l'air d'être devenue une liberté étroitement surveillée.

Jeune tu resteras

Une autre composante de la Beauté selon les normes modernes occidentales est la jeunesse. Traditionnellement, dans nos sociétés, la jeunesse est synonyme de virginité, de pureté, d'innocence, ce que montre l'histoire de l'art, depuis l'Antiquité. Les déesses, les nymphes et autres naïades des légendes sont souvent d'une jeunesse éternelle. La recherche de l'élixir de jouvence fait aussi partie des mythes les plus anciens. Ce rêve de rajeunissement correspond, bien sûr, à une quête irréaliste. Néanmoins, depuis des siècles, d'innombrables charlatans vendent avec succès des recettes miracles en exploitant la crédulité des plus désespéré-e-s. Et cela continue, car la publicité s'inscrit dans cette droite ligne de la promotion du produit miracle. Bien sûr, toute acheteuse d'une lotion de beauté sait bien que ce produit ne lui fera pas garder ou retrouver le visage d'une jeune fille, mais cette promesse la rassure.

La publicité, en représentant des femmes toujours jeunes, contribue à présenter la jeunesse comme la clé de voûte de la Beauté féminine. Ce sont surtout les femmes qui sont concernées par cette quête impossible: pour elles, le vieillissement signifie la perte du pouvoir élémentaire qu'on leur accorde, le pouvoir de séduction. Cette perte vient renforcer la croyance selon laquelle la vieillesse est une déchéance et qu'on peut la combattre avec des produits miraculeux.

Depuis les années 1960 et l'apparition du groupe social des «jeunes» comme un stéréotype vendeur, on remarque que l'idéal de Beauté a considérablement rajeuni. Sur les affiches et dans les films, les femmes-publicité semblent généralement avoir entre 18 et 30 ans, au maximum. La peau de leur visage est lisse et uniforme, elles n'ont aucune rides, y compris les rides d'expression élémentaires. Et depuis quelques années, les publicitaires montrent des mannequins donnant l'image de l'adolescence. Dans certaines campagnes (notamment pour des produits de luxe), les mannequins qui posent ont l'air d'avoir une quinzaine d'années, voire moins.

La jeunesse des femmes va aussi de pair avec des « qualités féminines » exacerbées : vulnérabilité, immaturité ou malléabilité, qui s'expriment dans les poses des modèles. Le stéréotype de l'ingénue, dit aussi de la « femme-enfant », dont l'emblème reste le personnage littéraire de Lolita, est toujours très en vogue. Des postures récurrentes, censées avoir une connotation érotique, copient des attitudes enfantines : un air innocent avec le doigt dans la bouche, une attitude recroquevillée d'enfant apeurée ou une mine boudeuse. C'est notable dans les mises en scène qui n'hésitent pas à emprunter l'image ambiguë de la collégienne candide. Sur une publicité pour une marque de vêtement, Lulu Castagnette (2005), une jeune mannequin, debout, nous regarde, une main sur la hanche, de l'autre elle tient un ours en peluche qu'elle mordille en le tirant. Cette tendance à la juvénilité, peut-être plus marquée aujourd'hui, était déjà visible il y a une quarantaine d'années aux États-Unis. Une campagne des cosmétiques Love Cosmetics (1974) montrait la photo d'une très jeune fille apprêtée et maquillée, serrant contre elle une peluche, avec le slogan « parce que l'innocence est plus sexy qu'on ne le pense » (« because innocence is sexier than you think »).

Le discours publicitaire associe les rides, symboles du temps qui passe, à un ennemi à éradiquer. Il faut à tout prix les effacer, les combler, les tirer, les gommer. Lorsque des mannequins plutôt âgées, arborant des cheveux blancs, sont utilisées, leur visage est à peine ridé. Pour vendre une crème destinée particulièrement aux femmes du troisième âge, la mannequin a souvent l'air d'une femme d'une quarantaine d'années. L'actrice américaine Jane Fonda posant pour une crème L'Oréal (2006) présente bien quelques rides d'expression, mais le commentaire souligne que cette femme, qui a l'air d'avoir 45 ans, en a en réalité 69. C'est l'exception qui confirme la règle, et c'est surtout un message pour dire que le combat pour la Beauté ne doit jamais cesser pour les femmes, même quand elles ont de toute évidence largement dépassé l'adolescence. Ces publicités traduisent la volonté de créer un nouveau marché en ciblant les « vieilles ». C'est aussi une tentative de récupérer des réactions féministes car les publicitaires savent qu'à la longue les femmes sont lasses d'être représentées à tout âge par des filles âgées de vingt ans au plus (voir à ce sujet le cinquième chapitre).

Sous couvert d'aider les femmes à vieillir en étant belles, la publicité les encourage à refuser le passage du temps, à voir la transformation du corps comme une décrépitude dévalorisante, et à soulager leur angoisse de ne plus être jugées « consommables » sur le marché de la séduction à coup d'achats compulsifs de cosmétiques.

La minceur, tu cultiveras

Dans nos sociétés, la minceur apparaît comme une condition *sine qua non* de la Beauté féminine. Le culte de la taille de guêpe obtenue grâce au corset a précédé celui de l'amaigrissement. Le règne du corset féminin a duré plus de trois siècles, de la fin du XVIe siècle aux années 1920. Il a d'abord été porté par les femmes des classes aisées, puis au XIXe siècle par des bourgeoises, des commerçantes et des employées. La silhouette dite « féminine » devait mettre la taille en valeur et accentuer la cambrure des reins. Au début du XXe siècle, le corset a peu à peu disparu parce que des femmes se sont battues pour que cesse la «mutilation du corset[9]». La préoccupation de la taille fine et de la ligne demeure pourtant.

La taille svelte est associée à une forme de féminité dynamique. L'archétype de la Parisienne, né au XIXe siècle, valorise la minceur censée aller de pair avec l'esprit d'entreprise : «Vive, légère, souple, elle représente une beauté active, avide d'exercices et d'affairement[10].» Dans les années 1920, la «femme nouvelle» de la bourgeoisie fait de la minceur le synonyme de la liberté corporelle et de l'activité sportive. Le muscle est devenu un nouveau critère, articulé avec la minceur: les femmes doivent travailler leurs muscles mais de manière féminine, car la barrière qui sépare les sexes doit rester solide. Dans les années 1930, le culte de la minceur se diffuse par le biais du cinéma. Il évolue ensuite en s'attachant à toujours plus d'exigences esthétiques : la taille fine, le ventre plat et musclé, les cuisses fermes, les fesses sans cellulite, etc. Les spectres de la laideur, de la maladie, voire de la déchéance amoureuse et sociale, qui guetteraient la personne trop grosse, servent à asseoir la dictature de la minceur.

La publicité est là pour orchestrer la traque impitoyable contre la grosseur. D'abord, en montrant uniquement des femmes dites «belles et sexy» qui sont minces, quel que soit le produit vanté. En instaurant la minceur comme principe de beauté, elle fait oublier que les mannequins sont bien plus minces que la moyenne des femmes réelles.

La publicité a toujours fait la promotion de recettes pour perdre (ou gagner) du poids, mais depuis les années 1950, la promotion de l'industrie des techniques et des produits amaigrissants est exponentielle. Les annonces publicitaires, surtout dans la presse féminine, proposent des méthodes de régime, des appareillages électriques, des rouleaux pétrisseurs, et un nombre incalculable de méthodes miracles. Ici, un complément alimentaire Forté Pharma (2009) veut nous faire croire qu'il fait mincir en dormant, là, une annonce pour Physcience (2006) commande « ayez 10/10 en minceur » avec la photo d'un ventre parfaitement plat. On s'adresse à la femme comme à une écolière qui se doit d'être une bonne élève à l'école de la Beauté.

De nombreuses publicités adoptent les accents du langage médical et scientifique. Ce n'est pas nouveau ; déjà au XIXe siècle, des marques prétendaient être agréées par « la Société d'hygiène de France » ou le Dr Untel. Le but est de donner un crédit aux arguments par le biais de cette autorité. « Le bonheur est dans la minceur » déclare ainsi un « communiqué » pour un produit, Noréslim de Noreva (2006), défini comme « soin neurocosmétique amincissant anti-capiton ». La moitié de la page est consacrée à un argumentaire pseudo-scientifique truffé d'un charabia (« mincidorphine », « molécules euphorisantes », « caféine micronisée », etc.). Le texte publicitaire termine en ordonnant : « Réveillez votre bien-être intérieur pour fondre de bonheur. »

Une forme de guerre contre le corps est encouragée. « Ciblez l'efficacité » dit cette autre annonce de presse de l'agence Ogilvy pour un « concentré lipo-réducteur anticellulite » de Galenic (2004), où l'on voit un corps féminin très mince, à la tête coupée par le cadre et qui nous tourne le dos. À côté d'elle, le flacon du produit est agrandi : un rayon laser en part pour toucher la fesse de la femme. Chaque partie du corps évoque une zone à attaquer, à traiter ou à brûler par l'action d'une baguette magique.

Dans les années 2000, l'idée du bien-être, de la forme et de la santé est devenue indissociable de la quête de minceur. Si le diktat de l'amincissement est plus ancré que jamais, le discours pour l'atteindre s'est modulé : il faut « écouter son corps », se « réconcilier » avec lui, « maigrir autrement ». On atteint là le comble de l'aliénation : nous obliger à devenir autre que nous-mêmes, c'est-à-dire nous conformer à un modèle unique (la minceur), sous prétexte de devenir nous-mêmes…

La prescription pour la ligne et le ventre plat rappelée en permanence par la publicité est une continuité du culte de la taille enfermée dans le corset. Les femmes sont tenues d'atteindre le même résultat que leurs arrière-grand-mères comprimées dans leur corset, mais sans celui-ci.

Lisse tu seras

L'éradication du poil féminin est un autre pilier du dogme de la Beauté. Cette préoccupation s'est imposée auprès de la majorité des femmes assez récemment. Les pratiques de l'épilation féminine sont en effet liées au degré d'exposition du corps des femmes. Jusqu'au XIXe siècle, les critères esthétiques ne prennent pas en compte les parties « basses » : la jambe et le pied sont invisibles sous la robe, les épaules sont cachées par les vêtements, et les poils du corps avec. À partir des années 1920, la vogue des loisirs et des sports de plage permet aux femmes de découvrir leur corps mais, peu à peu, il leur est demandé de traquer leur pilosité pour offrir la vision d'une féminité dénuée de poils, c'est-à-dire dénuée de toute trace de « virilité ». En effet, le spectacle de la pilosité féminine va à l'encontre de la norme de féminité : il est porteur d'une ambiguïté de genre. La femme qui l'arbore risque d'être perçue comme « masculine », ce qui selon le dogme actuel de la Beauté est rédhibitoire. Comme la jeunesse et la minceur, le corps parfaitement lisse est pour la plupart des femmes une quête impossible. Ce signe élémentaire de féminité implique bien un « aménagement » du corps des femmes pour le regard des hommes (étant donné que le regard social est masculin). Le travail fastidieux et douloureux de l'épilation exigé des femmes est rendu invisible, en particulier par les images publicitaires qui suggèrent que le corps féminin est glabre « naturellement ».

Déjà, sur les réclames du XIXe siècle, les personnages féminins étaient rarement représentés avec les aisselles « au naturel ». Cette épilation, pratiquée jusque-là par une minorité de femmes[11], est devenue une norme élémentaire de la féminité, véhiculée par l'ensemble des publicités. La norme de l'épilation a ceci de particulier qu'elle est discriminante pour toutes les femmes par rapport aux hommes. Les femmes ont une pilosité axillaire comme les hommes, mais elles seules sont tenues de la faire disparaître. Une annonce pour un rasoir électrique Philips (2005), dans un magazine féminin, montre une jeune femme en culotte et en talons hauts, cadrée à la taille, qui prend ses jambes en photo. « Des jambes à faire tourner la tête, et un homme à mes pieds... Fa-tal ! », conclue le texte. Ce qui est vendu ici, en plus du narcissisme, c'est le sentiment de victoire dans le contrôle du corps pour atteindre la perfection. Ce corps « parfait » doit servir d'arme de séduction face à l'homme.

Dans les années 1970, l'épilation dite « du maillot » s'est répandue pour adapter le corps des femmes à la forme très échancrée des vêtements, en particulier des maillots de bain[12]. Depuis une dizaine d'années, l'épilation du sexe, partielle voire totale, pour les femmes s'est banalisée. Il s'agissait au départ d'une pratique essentiellement liée à la pornographie, puisqu'elle permet de rendre plus visibles les détails de l'anatomie sexuelle et le spectacle de la sexualité. Le poil pubien, signe de maturité sexuelle et ingrédient traditionnel de l'érotisme, devient, avec la culture de masse, une cible à éradiquer. Un marché de l'épilation dite « intime » a donc vu le jour.

Le markéting s'attaque même à la cible des adolescentes, en dépit de tout sens commun, puisque cela revient à pousser des jeunes filles en pleine puberté à refuser justement les signes de celle-ci. C'est le cas d'une campagne agressive et extrêmement grossière de la marque de crème dépilatoire Veet (2011), mise au point par l'agence Mobiz, et diffusée par le bais du markéting viral sur Internet. Elle prend la forme d'un jeu sur Internet intitulé « mon minou tout doux », mettant en scène des personnages de chats stylisés : une chatte doit se faire épiler ou raser, et se soumettre à un test auprès d'un chat mâle qui donne son verdict (qui se résume par « positif » ou « négatif »). Ce jeu qui mélange de manière choquante l'univers enfantin, une pratique adulte (l'épilation du sexe) et la soumission à l'opinion du mâle (incarné par le matou) a atteint des limites jusque-là non franchies par des publicitaires pour de grandes marques.

Le modèle de la femme jeune, mince, glabre, blonde ou pas, est répété à l'infini. Sauf exception, toutes les femmes présentées dans les publicités répondent à ces critères. Ce modèle se présente comme la norme de Beauté minimum dont chacune peut se rapprocher si elle s'astreint à un travail permanent. L'un des problèmes est bien que ces femmes-publicité sont présentées comme un « rêve accessible » à toutes. Pourtant, même les top-models dans leur vie quotidienne sont loin de cet idéal. C'est ainsi qu'il faut comprendre la confidence faite dans la presse par la star de la mode Cindy Crawford: « J'aimerais bien ressembler à... Cindy Crawford[13]. »

DES FEMMES QUI S'OFFRENT

«Il ne suffit pas aux femmes d'être belles, il leur faut être érotiques»: voilà ce que disent les publicités. L'attitude érotique s'exprime à la fois dans la posture (regard, expression du visage, etc.), dans les accessoires et les vêtements, et dans la psychologie.

Les postures des mannequins femmes sont étudiées pour répondre aux codes du langage corporel de la féminité dans nos sociétés. Comme l'a montré le sociologue américain Erving Goffman dans les années 1970, la position des corps et la gestuelle jouent un rôle important dans la fabrication des signes de la féminité[14]. «La position penchée du corps ou de la tête est une attitude qu'on peut lire comme l'acceptation d'une subordination, comme une expression insinuante, soumise et conciliante.» Également, le sourire des personnages féminins a souvent une fonction «d'adoucisseur»: «Il signale qu'aucune hostilité [...] n'est à craindre». Cette variété de sourire paraît constituer «l'offrande d'un inférieur à un supérieur[15]». Enfin, la bouche entrouverte, un autre trait caractéristique des femmes-publicité, dénote une forme d'ingénuité, comme si elles étaient perpétuellement étonnées –à la différence des hommes, représentés avec les lèvres fermées, dans une attitude de maîtrise de soi.

La majorité des femmes-publicité adoptent également des positions du corps et une gestuelle qui traduisent une disponibilité sexuelle. Le corps alangui et les jambes écartées sont des signes d'attente. Les regards de défis et les œillades coquines ou incendiaires sont des appels érotiques. Leur caractère sexy et aguicheur passe aussi par tout l'attirail traditionnel de la séduction féminine: lingerie, hauts talons, vêtements qui suggèrent la sensualité ou l'exhibitionnisme. Les modèles de l'érotisme publicitaire, ce sont les pin-up, les playmates des revues de charme, les prostituées, les strip-teaseuses. Les publicitaires utilisent ces figures érotiques pour attirer l'œil, créer un effet esthétique, faire fantasmer ou exciter le passant.

Nues et disponibles

L'image de la séductrice est celle d'une femme qui met toute son énergie à se montrer désirable. Elle met en scène sa passivité, pour valoriser le rôle actif de l'homme, tout en lui faisant comprendre qu'elle l'attend et qu'elle l'accueillera avec bienveillance.

Parfois les femmes sont dénudées malgré elles, dans des scènes de déshabillage accidentel (un classique de l'imagerie des pin-up). Victimes de leur maladresse ou du hasard, elles se retrouvent à donner en spectacle leur intimité, à la joie des hommes présents, voyeurs par la force des choses. Sur une affiche pour des sous-vêtements Dim (2008), une cycliste coince sa robe dans les rayons d'une bicyclette et montre ses dessous. Sur une autre, une passante est dénudée par un chien qui mordille sa robe.

Le plus souvent, la nudité est volontaire et assumée par le personnage féminin comme une arme de séduction. Le cliché de la femme dénudée qui pose dans une attitude érotique typique s'inspire directement de la tradition du calendrier de playmates. Par exemple, dans une affiche pour l'eau de toilette pour homme Calvin Klein (2010), la mannequin Kate Moss, couchée sur le côté, se cache les seins et regarde le spectateur par en dessous avec une moue de provocation. Sa pose presque recroquevillée, son air enfantin, donnent l'impression d'un petit animal cherchant la protection. Dans la même veine, pour la société de numismatique (sic) New York Mint (2009), l'image d'une femme blonde alanguie sur un drap rouge froissé, imitant le célèbre nu de Marylin Monroe, est accompagnée de la phrase « certaines choses sont simplement plus attirantes que d'autres ».

Les exemples de nudité féminine sans rapport avec le produit abondent. Dans un spot télé pour les lunettes Krys (2008), un couple s'apprête à sortir. Conformément au cliché, l'homme attend la femme qui n'en finit pas de se préparer. Finalement, le couple sort. On les voit de dos : la femme est nue et porte seulement des chaussures à talons et des lunettes. Cette nudité incongrue crée un effet de surprise, tout en faisant passer le message que le meilleur atout des femmes est leur corps, qu'elles se doivent d'exhiber en toute occasion.

Dans des publicités qui vantent une marque de lingerie, on peut penser que l'érotisme est davantage à sa place. Pourtant, historiquement, c'est seulement à partir des années 1980 que leur consonance érotique s'est affirmée ouvertement : la peau est nue, les décors deviennent suggestifs (chambres, lits, etc.), les draps sont froissés. On trouve des slogans directs, comme « déshabillez-vous à la mode[16] ».

Aujourd'hui, les campagnes de lingerie s'accompagnent d'une vision machiste du désir érotique. C'est le cas dans la série des « leçons de séduction » prodiguées par la marque Aubade (depuis 1993) qui a recouvert les rues de nos villes et les pages des magazines pendant plus de dix ans. Ces leçons, qu'il faudrait suivre pour réussir sa vie sexuelle, sous-entendent que ce sont les femmes qui ont la charge d'entretenir le désir dans le couple hétérosexuel. Chaque affiche montre la photo en noir et blanc et en gros plan de fesses ou d'un buste féminins portant de la lingerie. La cambrure du corps et les poses offertes sont les principaux éléments de la mise en scène. L'image est accompagnée d'une phrase qui se veut un «mémo» pour les femmes dans le travail de la séduction. L'ensemble se présente comme un mode d'emploi pour manipuler les hommes qui repose sur une technique de base: se mettre en scène tel un appât («poser le piège et attendre», leçon n° 10). Il faudrait aussi « le prendre par les sentiments » (n° 2) et « détourner la conversation » (n° 9). Pour « arrêter de l'énerver » (n° 37) et « lui offrir [notre] cœur » (n° 45) une seule solution : se déshabiller. Le publicitaire conseille aussi de jouer la garce: « jouer avec ses nerfs » (n° 34), « empoisonner son existence » (n° 84). Ces images montrent que la passivité se travaille: les femmes doivent suivre une formation pour plaire à « leur homme », comme à l'école. Il n'est pas ici question d'affirmer ses propres désirs, mais d'appliquer des recettes présentées comme infaillibles[17].

Dans de nombreuses publicités, les femmes se donnent en spectacle pour exciter le spectateur. Par exemple, une campagne pour la lingerie Bolero (2003) par l'agence Ogilvy présente l'image d'une fausse ingénue exhibitionniste : une jeune femme de dos, le regard vers nous, baisse son minishort et montre son string. Le slogan est provocateur : « Je suis Vierge. Et vous ? » Une autre affiche pour le grand magasin les Galeries Lafayette (2007) montre la mannequin Lætitia Casta en playmate, visiblement en train de prendre un bain de soleil, mais aussi en plein strip-tease: elle ne porte que son haut de maillot de bain qu'elle est en train d'enlever.

Ces publicités qui exploitent des images de femmes nues ne brisent vraiment pas le tabou de la nudité (en la dédramatisant ou en la rendant neutre, par exemple), elles contribuent au contraire à l'assimiler systématiquement à l'érotisme, à l'interdit, à quelque chose de caché qu'il faut absolument dévoiler.

Pour transformer la femme en « objet sexuel », la publicité a aussi recours à l'image morcelée. De la femme représentée, on ne voit qu'une partie : un cadrage classique est centré sur le buste et le bassin, incluant parfois la bouche. De nombreuses campagnes de marques de lingerie (Barbara, Lou, Lise Charmel, Wonderbra, Chantelle, Kookaï, etc.) font régulièrement le choix de présenter des photos de corps à demi-nus cadrés à partir du cou. Le but est sans doute d'inciter les consommatrices à s'identifier à des corps sans personnalité. L'effet produit par ces femmes sans visage, réduites à un tronc, est une forme de déshumanisation : elles sont comme des choses interchangeables.

Les publicités utilisent une autre méthode pour « découper » le corps féminin: le zoom sur les parties « valables ». Telles affiches montrent des gros plans de fesses, d'autres de bouches, de seins, ou encore de jambes (récemment, certaines cadrent même l'entrejambe en contre-plongée). Par exemple, une campagne pour la marque de lingerie Barbara (2003), par Publicis, exhibait des fesses avec le slogan « il ne suffit pas d'avoir de beaux seins ». On peut en conclure que si une femme a de « beaux » seins et de « belles » fesses, c'est « suffisant », elle ne doit pas aspirer à davantage.

En morcelant le corps féminin en parties distinctes, traitées comme des objets à part entière, la publicité rend celles-ci irréelles : elles ne forment pas un tout, c'est-à-dire une personne, un être singulier. Les parties du corps deviennent des produits à transformer (pour les femmes) et à désirer (pour les hommes). Les hommes apprennent à fantasmer sur un organe (bouche, vulve...) ou une partie du corps (seins, fesses, etc.) comme sur un objet. Cet objet doit correspondre à des critères précis pour être excitant, indépendamment de l'être auquel ces morceaux de corps appartiennent. Cette technique de représentation du corps vient de l'imagerie pornographique, dont la publicité s'est inspirée.

Les codes du porno

La publicité utilise régulièrement les codes de la pornographie[18]. Il va sans dire qu'elle ne reproduit pas des images porno *stricto sensu*. Les mannequins sont habillé-e-s, donc les organes sexuels ne sont pas représentés et les actes sexuels ne sont que suggérés. On peut cependant parler d'une esthétique pornographique quand on retrouve les positions classiques du genre et ses codes : cadrage des corps, rapports de domination entre hommes et femmes, exhibitionnisme féminin et voyeurisme masculin. Les références discrètes ou grossières aux poses des acteurs de la pornographie impliquent que, pour les publicitaires, ce type de films fait partie de la culture commune.

Cette esthétique est devenue peut-être plus explicite lorsque de grandes marques du luxe (parfum, maroquinerie…) ont voulu rompre avec une image « bon chic bon genre » en lançant des campagnes agressives et « décadentes », à partir des années 2000. Celles-ci mettaient en scène des jeunes gens beaux et riches, l'air las ou indifférent, dans des attitudes plus qu'ambiguës. Une affiche pour un parfum Dior (2001) montrait une très jeune femme, sur le dos, sa pose évoquant une position sexuelle, cadrée en très gros plan.

Cela dit, auparavant de nombreux motifs pornographiques étaient déjà présents, en filigrane ou pas. Les gros plans sur les bouches pulpeuses, maquillées et entrouverte renvoient souvent à l'imaginaire de la fellation. Par exemple, celle de la mannequin d'une campagne pour un rouge à lèvres Dior (vers 2005), rose fuchsia, brillante et très en relief donne l'impression d'être en plastique. Dans un autre style, une campagne pour les vêtements Puma (2010) montre une jeune femme agenouillée face à un homme debout. L'action se passe hors du cadre mais leur posture suggère sans ambiguïté une fellation, d'autant que les publicitaires ont jugé bon de représenter une tache de sperme sur la cuisse du personnage féminin.

Toujours sans représenter de sexe masculin, des publicités font allusion à l'éjaculation. Une annonce de presse pour une crème solaire Leclerc (2004) montre en gros plan un visage de femme bronzé, portant des lunettes de soleil, et parsemé de traces d'un liquide pâteux et translucide qui a giclé. L'image ne renvoie pas à l'usage habituel d'une crème, mais plutôt à une éjaculation faciale. Il arrive aussi que le phallus soit symbolisé par le produit. Dans un spot télé diffusé à une heure de grande écoute, une main de femme caresse une bouteille d'eau minérale Perrier (2009) : la bouteille grandit, grossit et le contenu finit par jaillir en geyser.

On retrouve le produit présenté comme un phallus dans une série d'images très crues pour le parfum Tom Ford (vers 2005). Dans l'une, une femme nue dont on ne voit que le torse et le bas du visage est photographiée serrant entre ses seins la bouteille de parfum tout en ouvrant la bouche. Dans une autre de la même série, l'entrejambe d'une femme nue, en gros plan, est dissimulé par la bouteille faisant office de cache-sexe.

Les publicitaires se plaisent à utiliser la ficelle du voyeurisme, en montrant des personnages féminins tombés en pâmoison grâce au produit (parfum, shampoing, glace, café, etc.). Ils suggèrent aussi que la femme-publicité est en train de prendre son plaisir toute seule et de se masturber. Ainsi, dans un spot télé pour les sous-vêtements Chantelle (2008), une femme à demi-nue se trémousse de façon intensive sur un cheval en glace: le cheval finit par fondre et former une flaque sur le sol tandis que le slogan «Passionata, typiquement féminin» s'inscrit à l'écran. Une publicité de presse pour un parfum Ungaro (2001) ne manque pas de faire également penser à l'onanisme. On y voit une femme habillée, agenouillée contre un mur, une main entre les jambes, la tête renversée. Encore une fois, les fantasmes érotiques masculins les plus convenus servent à mettre du «piment» dans la publicité.

Depuis la vogue du «porno chic», de nombreuses publicités font directement allusion à des pratiques sexuelles particulières comme la «partouze», le sadomasochisme ou la zoophilie. Dans une image pour des jeans Calvin Klein (2009), trois jeunes hommes et une jeune femme, seulement vêtus de jeans, s'embrassent et se caressent langoureusement dans une configuration qui évoque la sexualité de groupe. La marque Ungaro (2000), à nouveau, montrait en gros plan les pieds d'une femme chaussée de talons aiguilles encadrant un chien portant un masque en cuir semblable à ceux utilisés dans les pratiques sadomasochistes. On trouve aussi des références récurrentes au saphisme, c'est-à-dire à l'image de la sexualité lesbienne dans la pornographie de masse (voir le troisième chapitre).

Soulignons aussi que des publicités font régulièrement référence aux métiers du spectacle érotique. C'est le cas d'une campagne pour les sous-vêtements Sloggi (2003), dans laquelle on pouvait voir des mannequins aux seins nus, adossées à une barre dite de *pole dance*, utilisée dans les spectacles de strip-tease.

Le racolage publicitaire

L'ambiguïté quant à l'objet qui est proposé à la vente (le produit ? la femme ?) permet aux publicitaires de faire des allusions au marché de la prostitution. Bien sûr, aucune campagne ne nous persuade qu'elle nous vend la femme photographiée. Néanmoins, la publicité ne se prive pas de jouer constamment sur ce double-sens. Un cas typique est la campagne de la marque de prêt-à-porter H&M (2002) pour des maillots de bain. Le style est celui du calendrier de pin-up « sous les cocotiers », les tops modèles cadrées d'assez près regardent les passant-e-s droit dans les yeux. Le seul message est le prix (modique) des habits vendus : l'idée mise en avant est que ces créatures irréelles et sexy « coûtent » seulement 7,90 euros. On est dans l'amalgame entre le produit et le faire-valoir.

Autre exemple, on a pu voir en gros plan sur des fesses la mention « en promo » pour la marque de sous-vêtements Sloggi (2008). Une autre affiche pour La Halle aux chaussures joue sur l'ambiguïté quant à l'objet dont on parle : « dites un prix » clame le texte, en montrant une femme « belle et sexy » en jupe courte qui regarde le passant (2007).

La publicité utilise aussi très souvent les clichés liés à la prostitution [19]. Cette imagerie, c'est d'abord ce qu'on peut appeler l'« uniforme » de la prostituée : talons aiguilles, bas résille, mini-jupes, décolletés vertigineux et petit sac à main. Leur façon de poser et de nous regarder, suggère également qu'elles sont des femmes qui « tapinent ». Le folklore de la prostitution, c'est aussi des lieux comme la rue. Une annonce pour un parfum Givenchy (2007) met en scène une jeune femme qui nous regarde par-dessus son épaule nue d'un air décidé. Sa position met en avant ses fesses moulées dans une robe et ses longs cheveux, et elle s'apprête à monter un escalier. Dans une image pour des vêtements Hugo Boss (vers 2005), deux adolescentes longilignes adossées à un mur regardent les passant-e-s avec un air de défi, l'une ayant son chemisier ouvert sur son soutien-gorge, laissant supposer qu'elles sont en train de racoler.

Les publicités représentent parfois des professionnelles du sexe pour signifier l'accès à des privilèges. La chaîne de magasins spécialisés en informatique Surcouf (2008) a choisi de mettre en scène un jeune informaticien stéréotypé (lunettes, air nigaud, habillé en survêtement) entouré de deux femmes en « costume de prostituée » : cheveux platine, lingerie noire, regards mutins et poses aguicheuses, sous un slogan : « Résisterez-vous à autant d'avantages ? » Les deux femmes et les services sexuels qu'elles peuvent fournir sont manifestement les avantages offerts aux hommes clients de cette enseigne.

Les publicitaires usent de l'argument de la séductrice en tout genre, ingénue ou provocatrice, jusqu'à la nausée. Ce personnage est sans doute le plus sûr moyen de susciter un plaisir voyeuriste chez le spectateur ou narcissique chez la spectatrice. Le désir étant censé conduire à l'achat qui se présente comme un moyen de relâcher la tension, jusqu'au prochain désir. La frustration sexuelle est bien un élément essentiel de la technique de manipulation publicitaire.

Les femmes-publicité qui s'offrent font parfois preuve d'un abandon extrême : allongées dans des poses avachies, l'air très pâle, les traits inexpressifs et surtout le regard vide, elles semblent inertes, et font péniblement penser à des corps sans vie. Une image pour un sac Louis Vuitton (2010) montre ainsi une jeune femme allongée dans l'herbe, les bras et les jambes épars, avec son sac et son porte-clefs jetés à côté d'elle. Sa pose, son regard éteint et son visage figé peuvent donner l'impression d'un cadavre.

On remarque que la logique exhibitionniste et voyeuriste imposée par la publicité opère aussi dans des campagnes d'information qui veulent amener à prendre conscience de sujets graves. Une affiche de l'association américaine Peta (2008) contre le port de la fourrure met ainsi en scène des playmates entièrement dénudées avec le slogan : « Soyez bien dans votre peau, ne portez pas de fourrure ! » L'association « Le cancer du sein, parlons-en » (2001) a conçu des affiches où pose une mannequin trentenaire, blonde, l'air grave, seins nus et cadrée à la taille, accompagnée de la phrase : « L'année dernière, cette femme a montré ses seins. Elle a sauvé sa vie. » Pourquoi les publicitaires n'ont-ils pas fait le choix d'une nudité sans consonance érotique, avec une femme ordinaire ? Cette campagne de mauvais goût joue sur les mots pour mettre sur le même plan une exhibition sexuelle (« montrer ses seins ») et un examen médical angoissant.

Enfin, soulignons que les publicitaires utilisent l'allusion sexuelle le plus souvent possible, y compris sans représenter d'êtres humains. Des affiches dans le métro parisien pour l'enseigne de magasins de meubles Ikea (2008) montraient la photo de trois matelas avec ce commentaire : « L'échangisme en toute liberté, 90 jours pour adopter votre nouveau matelas ou l'échanger. » De la même manière, l'imaginaire de la prostitution peut s'appliquer à des objets ou des animaux. Par exemple, le slogan pour un appareil photo Minolta (2004) posé sur un trottoir assimile le produit à une prostituée : « Pour 500 euros, il vous fait la totale. OK, mais j'embrasse pas ! » La compagnie de train Thalys (2005) choisit, elle, de parler de la prostitution pour donner envie de visiter Amsterdam en hiver, en montrant une rue pavée, de nuit, mal éclairée par une lumière rouge, et une vitrine dans laquelle un renne exhibe ses cuisses, tandis qu'un homme habillé en Père Noël s'apprête à entrer, les yeux cachés par des lunettes noires.

Les références à la prostitution en l'absence de figures féminines sont récurrentes, mais, comme nous l'avons vu, il est beaucoup plus fréquent de voir le corps des mannequins exposé selon les codes traditionnels du racolage. L'une des caractéristiques du publisexisme est bien d'offrir au regard de tous des femmes qui s'exhibent comme des marchandises à posséder. Dénudées, aguicheuses, provocatrices, elles se présentent comme des maîtresses de la séduction, qui savent exciter l'appétit sexuel des hommes. Pourtant l'érotisme proposé par les publicitaires n'est pas vraiment émancipateur pour les femmes. Il s'agit pour elles d'être désirées en tant qu'objets et non d'être reconnues comme des personnalités désirantes. Le publisexisme apprend à s'attacher à des parties définies du corps féminin, et à voir la femme comme un bel objet interchangeable propre à assouvir les fantasmes masculins. En ce sens, l'érotisme publicitaire est bien un érotisme patriarcal.

L'HUMOUR MISOGYNE

Les stéréotypes sur les femmes véhiculés par la publicité ne s'attachent pas seulement à leur physique et à leur attitude. Le publisexisme passe aussi par l'évocation du caractère féminin et de ses prétendus défauts, la justification de ce procédé étant très souvent l'humour.

En plus des qualités considérées comme « naturelles » (la douceur, l'attention aux autres, la délicatesse, l'effacement, etc.), on attribue aux femmes de nombreux défauts qui, depuis des siècles, sont censés expliquer la place mineure qui leur est accordée dans la société. Leur faiblesse de caractère, en particulier, a ainsi servi à justifier le refus de leur donner accès à l'école, à l'université, au droit de vote, à des postes de pouvoir ou à des métiers intellectuels ou scientifiques.

Se moquer des défauts féminins est un « sport » misogyne répandu en France, où les histoires paillardes et l'humour gras font partie du patrimoine local, et où l'on est très complaisant avec ces manifestations d'intimidation toutes masculines. Ces attaques sont d'autant plus efficaces qu'elles prétendent être anodines, légères et sans conséquences, et qu'elles permettent de se moquer de celles et ceux qui refusent cet humour-là. « Les bons mots, la plaisanterie, la blague, gaillarde, voire obscène, porteuse d'une vigueur quasi-native, d'une robustesse fondatrice qui excuse tout et fait des réticences des femmes – ces mauviettes et ces mijaurées – un défaut de tempérament[20]. » L'humour misogyne s'exprime largement dans les dessins humoristiques, dans la presse masculine (et féminine), dans des émissions de télé ou de radio (Les Grosses Têtes ou les émissions pour ados de Skyrock et Fun radio[21]).

Les publisexistes usent et abusent de ce soi-disant humour ; d'ailleurs, comme une blague, une publicité est censée être courte et efficace. Ils utilisent les clichés existants sur le caractère dit féminin, en les caricaturant au possible. Ces images exploitent et entretiennent les stéréotypes psychologiques : les femmes seraient fragiles, hystériques, écervelées, jamais à l'heure, émotives, etc. Une campagne pour les montres IWC (2009) déclinait les différents défauts féminins en comparant le produit (en gros plan) et la femme (absente) : « presque aussi belle qu'une femme, mais elle tourne rond» ou encore «presque aussi belle qu'une femme, mais ne coûte de l'argent qu'une seule fois». Détaillons quelques-uns des clichés les plus souvent utilisés.

Bavardes, dépensières, idiotes...

L'idée selon laquelle les femmes parleraient trop par rapport aux hommes qui, eux, ne perdent pas leur temps à cela, est ancrée dans une pensée misogyne: la parole des femmes peut être dénigrée car elle n'a pas d'importance. Une affiche de l'agence TBWA pour une voiture Nissan (vers 2005) destinée aux femmes représente une rangée de clientes chez le coiffeur, la tête sous le sèche-cheveux, en train de lire des magazines automobiles. Le slogan «les femmes n'ont pas fini de parler Couture», joue sur le nom de la voiture.

On juge les femmes indiscrètes et inconséquentes. Leur discours serait creux, inconsistant et inintéressant. Elles seraient aussi médisantes: le «défaut féminin» qu'est le commérage est régulièrement exploité. Une publicité pour la messagerie Internet Yahoo (vers 2005) montre une femme ronde, entre deux âges, juchée sur un tabouret en train de regarder chez ses voisins par-dessus le mur de son jardin. Le slogan: «Pour tout savoir et tout répéter, utilisez plutôt l'e-mail.» Les femmes jeunes n'échappent pas à ce stéréotype, comme le montre une publicité pour les cafés par France Boisson (2005) montrant deux femmes discutant dans un bar. Le texte dévoile leur dialogue: «John est méchant, Jeanne a grossi, Edgar n'est pas compétent, Julie est radine [...].»

Ce côté «peau de vache» qui serait typiquement féminin va aussi de pair avec une autre caractéristique supposée des femmes: l'esprit de rivalité. Sous la forme d'un dessin hyperréaliste, une annonce pour le soda

Orangina (2009) de l'agence Fred et Farid montrait une scène de rue : une jeune femme hyperféminine (vêtue de rose et en jupe courte) avec un talon de chaussure cassé est montrée du doigt par d'autres jeunes femmes, dont un personnage mi-hyène, mi-humaine, en train de ricaner à la terrasse d'un café. Moralité : les filles sont sans pitié entre elles. Elles sont aussi présentées en train de se battre ensemble, ce qui serait forcément ridicule, parce que l'enjeu du conflit serait toujours dérisoire et infantile. C'est ce que montre une annonce pour les tournois de Scrabble (2006) : le dessin de deux femmes, l'une brune, l'autre blonde, à terre en train de se battre, vêtues de manière identique. La blonde domine la brune qui tient une paire de grands ciseaux pointus, l'affichage du score (« Blonde 9- Brune 7 ») étant censé expliquer leur bagarre.

Le dicton misogyne « souvent femme varie » est abondamment utilisé pour évoquer la consommatrice. Une publicité pour la grande surface Monoprix (1994) reprend cette phrase pour justifier son service d'échange et de remboursement. L'image de la cliente en train d'hésiter dans un magasin de chaussures, au milieu des modèles déballés, est un grand classique pour représenter ce trait de caractère. Une annonce pour Télé2 (vers 2005) présente une jeune femme à l'air interrogateur, au milieu de cartons à chaussures, avec un slogan moqueur : « C'est quand même plus facile de choisir son opérateur téléphonique. » Lorsqu'un homme est présent, l'image évoque, en plus, l'« abus » féminin consistant à faire perdre son temps à ce dernier. Une affiche qui vante une voiture Lancia (2004) met en scène, par exemple, une cliente d'un magasin de chaussures avec deux paires différentes à la main, assise par terre, levant les yeux vers un homme dont on ne voit pas la tête et qui semble regarder sa montre. Le slogan blâme le personnage féminin: « 555 combinaisons possibles. 555 occasions d'être encore plus insupportable que d'habitude [...]. »

Les femmes-publicité sont non seulement indécises mais elles ont des centres d'intérêts et des activités frivoles. Les sujets graves et sérieux, l'intérêt pour la sphère sociale et pour les questions politiques, les préoccupations professionnelles et économiques, ce n'est visiblement « pas pour les filles ». Dans de nombreuses publicités, les personnages féminins ne font rien de spécial, hormis travailler à être le centre des regards. L'addiction supposée des femmes à l'industrie de la mode et de la beauté a tout intérêt à être entretenue par les publicitaires, qui ont pour mission de les encourager à surconsommer. Le double discours joue à plein, encore une fois : on incite les femmes à adopter un comportement que l'on dénigre. Et quel est le loisir préféré des femmes selon les publicitaires ? Le « shopping », cela va sans dire ! Cette activité serait même le sport féminin par excellence selon Dim (2007) : un spot de l'agence Fred et Farid met en scène un groupe de femmes en sous-vêtements mimant le coup d'envoi d'une partie de rugby comme si c'était celui des... soldes. Les publicités pour les soldes sont un genre à part entière où les femmes sont souvent présentées comme des furies. Une affiche pour C&A (vers 2002) montre des femmes qui en viennent aux mains et s'arrachent un vêtement dans un magasin. Sur une autre pour les Galeries Lafayette (2002), une femme, l'œil entouré d'une tache bleu foncé, le col de chemise arraché, les vêtements froissés, arbore un air de triomphe en brandissant un bijou.

Lorsque les femmes-publicité font des achats, l'image nous fait comprendre que l'argent qu'elles dépensent appartient à un homme qu'elles auraient séduit. Les publicités associées à la fête commerciale de la Saint-

Valentin jouent très souvent sur cette idée. Elles présentent les bijoux offerts en cadeau comme une manière d'acheter les sentiments d'une femme. Une campagne pour le site Internet de vente de bijoux Lesbijouxprecieux.com (2008) montre une jeune femme blonde arborant un collier doré et un air ravi, et affirme : « Le lendemain de la Saint-Valentin vous ne le regarderez plus de la même façon. » Une autre affiche pour les bijoux Trilogy (2003), en diamant cette fois, montre la photo en noir et blanc de femmes à l'allure sophistiquée, dans des poses inhabituelles : l'une tend la main et regarde attentivement ses doigts, une autre tend son oreille sur le côté pour mettre le lobe en évidence. Le slogan « attendre » (« waiting », en anglais dans le texte) suggère qu'elles attendent passivement l'homme qui leur achètera pour l'une, une bague, pour l'autre, des boucles d'oreilles. Les bijoux sont présentés comme un dû que l'homme doit pouvoir payer pour conquérir ces femmes.

L'argumentaire publicitaire est parfois explicite sur ce point, comme dans le texte d'une annonce pour le site Internet Pixibox.com (2000) : « Évidemment, c'est facile quand on se fait entretenir. Comme certaines, vous aimeriez bien avoir un homme riche qui vous couvre de cadeaux. Même plus besoin de faire du charme pour avoir des privilèges ! » La photo montre une femme à l'allure hautaine, entourée de mentions sur la provenance des objets qui l'accompagnent : de son chien à ses lunettes, en passant par sa voiture et son bouquet de fleurs, ce sont des cadeaux offerts par « son mari », « son patron » ou « son amant ».

Le mariage est aussi un moyen pour insinuer une vénalité toute féminine. Une affiche qui vend une machine à laver représente une jeune femme très grande, en robe de mariée, au bras d'un petit monsieur d'une soixantaine d'années, en frac et haut de forme qui suggèrent la haute bourgeoisie. À côté d'eux trône un appareil électroménager enrubanné tandis que le slogan affirme: « Certaines sont vraiment prêtes à tout pour avoir un Miele » (1997). Le personnage féminin se marie par intérêt, avec un homme qui *a priori* ne lui plaît pas, dans l'unique intention de posséder... un lave-linge, présenté comme un objet de luxe.

Dans un autre registre, une série d'affiches de la marque de sous-vêtements Barbara (2006), mises au point par Publicis, présente une jeune femme souriante en soutien-gorge déclarant: « Mon banquier me préfère à découvert, allez comprendre. » Tout laisse à penser que ce personnage ingénu se sert de son corps pour obtenir des avantages de la part de son banquier et ainsi résoudre ses problèmes d'argent.

Selon la publicité, les femmes seraient mauvaises langues, dépensières, croqueuses de diamants, mais aussi idiotes. Parmi les traits de caractère décrits comme typiquement féminins, on trouve en effet la stupidité. Dès les années 1930, des campagnes se moquent ouvertement des « ravissantes idiotes »; dans une réclame pour un fard, le dessin d'une jeune femme est surmonté d'une phrase en gros caractères: « Comme elle est sotte : elle passe une heure à arranger ses cheveux, mais... elle a le nez brillant[22] ! » Plus récemment, un spot vidéo pour le Loto (2008) diffusé sur Internet montre une jeune femme qui n'arrive pas à se souvenir d'autre chose que des mots « manucure », « mèches » et « solarium » et ne parvient pas à comprendre les nouvelles règles d'un jeu d'argent. Dans la même série, un jeune homme s'agace de la stupidité de sa mère, incapable de comprendre une règle très simple. Pour les publicitaires, la bêtise des femmes peut faire d'elles des dangers ambulants. Des affiches pour le loueur de voitures Sixt (2009) affirmaient : « Oui, nous louons aussi aux femmes. » Ce slogan prétendument généreux était illustré par la photo d'un volant avec des Post-it « droite » et « gauche » de part et d'autre. Une autre version de la campagne diffusée un peu plus tard montrait la photo d'une voiture garée à cheval sur deux places et d'une autre au fond d'une piscine, jouant sur le cliché des femmes chauffardes. Même si un texte écrit en tout petit expliquait que les femmes avaient en réalité moins d'accidents que les hommes...

La publicité relaie aussi la stigmatisation des femmes blondes : selon les blagues misogynes, elles seraient dépourvues de toute intelligence. Les « cruches blondes » sont une cible de moquerie et de dérision pour les hommes et les autres femmes. Ces blagues qui prétendent s'attaquer seulement aux femmes coquettes et superficielles visent, au fond, les femmes en général. C'est un genre de blague misogyne à part entière. Dans la publicité, « blonde » est utilisé comme synonyme d'idiote dans des slogans tels que « plus besoin d'être blonde pour construire son site » pour Multimania (vers 2009) (avec l'image d'une femme blonde de type Barbie portant un casque de chantier), ou « 99 % des blondes qui jouent à la PS2 ont un QI anormalement élevé » de Playstation 2 (2004) (avec l'image d'une jeune femme blonde jouant à un jeu pour bébé). On trouve encore des phrases comme « à quoi rêvent les blondes ? Irresistibol de Maggi, au moins sept minutes d'intelligence par jour » (2003). Celle-ci illustrée par le visage d'une femme blonde, la bouche entrouverte et les yeux cachés par ses cheveux. La campagne présentait aussi une version qui raillait l'intelligence des « brunes », ce qui confirme que derrière le cliché sur les blondes, c'est l'intelligence de toutes les femmes qui est attaquée.

Femmes hors catégorie

Les femmes-publicité ne sont pas toujours des femmes-objets. Il y a parmi elles des personnages qui ne font aucunement référence à la séduction. Ce sont les femmes âgées porteuses de valeurs positives, relevant de l'archétype de la grand-mère, et qui sont censées détenir un savoir ancestral sur le plan culinaire ou ménager. On peut mettre dans cette catégorie la Mère Denis, femme ordinaire, âgée, plutôt grosse, d'un milieu social pauvre. Présentée comme ancienne lavandière, elle évoquait l'artisanat et l'authenticité et était l'ambassadrice de la marque de machine à laver Vedette dans les années 1970. Autre personnalité hors du commun, la comédienne très ronde Anne Zamberlan, dont l'image a été utilisée pour la chaîne de magasins de disques Virgin dans les années 1980 : elle évoquait une déesse protectrice des arts, opulente et souveraine. Ce sont quelques-unes des exceptions qui confirment la règle.

D'autres stéréotypes de femmes, négatifs, servent de repoussoir. Ce sont tous les archétypes populaires des femmes dites « laides » incarnant la femme de ménage ou la belle-mère possessive, jalouse de son fils et impitoyable avec sa bru. Notons que dans les années 1960, on a vu aussi mises en scène des femmes féminines et « conformes » physiquement mais jugées repoussantes à cause de leur odeur. Des sortes de romans-photos montraient des personnages féminins rejetés par des partenaires potentiels « incommodés » par leur odeur de transpiration. La dictature de la chasse aux mauvaises odeurs corporelles féminines a été calquée sur le modèle anglo-saxon pour imposer l'achat de déodorants [23].

Femmes dominatrices

Parfois les publicitaires sortent des schémas habituels de domination en montrant des femmes insoumises, bien qu'en général les rôles soient simplement inversés. Rares sont les images de relations d'égal à égal entre un homme et une femme. Ce renversement de la hiérarchie exploite la « frayeur » masculine de voir les hommes dominés par les femmes, et véhicule l'idée que les femmes ne voudraient pas tant l'égalité que dominer à leur tour. La marque de vêtements Kookaï a ainsi construit sa communication avec l'image de pin-up géantes manipulant des hommes minuscules, et ce depuis ses débuts. En 1991, des femmes-publicité consommaient des hommes-glaçons (« Il fait chaud. Des garçons bien frais s'il vous plaît », disait le slogan). Entre 1996 et 1998 apparaissent des géantes manipulant de minuscules hommes, des hommes-objets, au pied de la lettre (balles de jokari, friandises ou morceaux de coton), des hommes-animaux (insectes, poissons rouges), voire des hommes miniatures esclaves (qui passaient la tondeuse sur le « maillot » d'une géante). Les femmes ne peuvent plus dire qu'on les montre infériorisées… Comme le constate Valérie Brunetière, on a affaire à « une sorte de troisième degré qui donne à voir l'inversion plus que séculaire de la domination des hommes, ici à la merci des femmes [24] ». Dans son livre *La Domination féminine, une mystification publicitaire*, Vinciane Pinte a montré que ces images sont « loin de témoigner d'une quelconque émancipation du discours publicitaire sur la femme ». En effet, « affecter à la femme des figures de domination jusque-là proprement masculines, c'est encore et toujours manifester l'emprise de la domination masculine sur le système des représentations publicitaires [25] ».

Féministes de pacotilles

D'autres publicités tournent en dérision les luttes féministes en détournant leurs slogans, car l'un des ressorts de l'antiféminisme est de caricaturer les femmes émancipées. Le plus souvent, ce type de campagne montre des femmes clamant des revendications ridicules. Dès le début du XXe siècle, une réclame parodiait une manifestation de femmes, montrant des dactylos défilant avec des pancartes où l'on pouvait lire « nous voulons des machines Labor » (1919). Au milieu des années 1990, on a pu voir une publicité pour les soutiens-gorge Bolero qui prétendait « soutenir » les femmes dans leur lutte... « contre les courants d'air » ou quand elles réclament « des petites annonces érotiques à toutes les pages[26] ». En 2010, au moment du 8 mars, la marque de vêtements les Trois Suisses mettait dans la bouche des mannequins de faux slogans politiques tels que « fauchées mais fashion » et « liberté, égalité, mode pour toutes ». La marque de collants Dim (2006) a fait paraître une annonce mystérieuse du « Mouvement de libération des jambes », dans la presse, où des caricatures de manifestantes demandaient davantage de jupes. Mettre la libération politique à toutes les sauces a pour effet de ridiculiser le féminisme.

À la différence d'une blague de comptoir misogyne qui a pour effet de renforcer (ou pas) une connivence masculine douteuse, les affiches et les spots publicitaires ont un écho d'une autre ampleur. En réactivant régulièrement ces stéréotypes, la publicité consolide la croyance que toutes les femmes présentent les mêmes traits de caractère, et que la Beauté va avec la bêtise. Ces poncifs qui nous sont assénés en permanence participent d'une atmosphère misogyne, mélange d'esprit paternaliste, d'arrogance et d'hostilité envers un certain type de femmes, et finalement envers toutes les femmes.

LE FOYER, UN DESTIN NATUREL

Dans la publicité, depuis les années 1940, les femmes ont la triple casquette d'épouse, de mère et de gardienne du foyer. La mère de famille étant généralement la gérante de la vie domestique, de la famille comme « unité de consommation », c'est elle qui fait les achats renouvelés quasi quotidiennement. C'est pourquoi « la ménagère de moins de 50 ans » a été vue pendant des décennies comme la prescriptrice des produits de consommation courante, et par conséquent la cible principale du markéting (aujourd'hui, il semble que ce soit plutôt les jeunes). Dans les années 1950, la femme-publicité, toujours radieuse, assume seule l'entretien de la maisonnée, elle est « travailleuse, souriante et respectable, elle affiche une élégance de bon aloi, obtenue à peu de frais, car elle a aussi le sens de l'économie[27] ». Le texte des annonces met en avant « le goût du travail vite et bien fait, par lequel la femme exprime son amour maternel et accomplit son rôle de déesse tutélaire du foyer[28] ». Dans les années 1960, les publicitaires voyaient la femme active de manière négative car ils la jugeaient « trop critique vis-à-vis de la publicité[29] ».

Comme le rappelle Betty Friedan dans *La Femme mystifiée,* les rapports markéting de cette époque décrivent comment manipuler la ménagère pour lui donner confiance en elle. Le but de la publicité étant alors de lui faire croire que les produits pourraient procurer à sa famille l'harmonie, le climat de tendresse ou l'atmosphère de sécurité qu'elle recherche.

Pour inciter les femmes à acheter des dizaines de produits différents pour l'entretien de la maison, il fallait les convaincre qu'il était vital pour leur honneur et leur bien-être d'avoir un intérieur irréprochable et de faire la guerre à la saleté, «même quand elle ne se voit pas». Pour les publicitaires, « il faut effectuer un transfert de culpabilité » et « capitaliser sur la culpabilité de la saleté cachée[30] ».

Aujourd'hui, la «ménagère de moins de 50 ans» est encore courtisée par les professionnels du markéting: selon les études de ces derniers, elle serait «plus souple, plus adaptable, plus autonome», «plus éduquée» aussi vis-à-vis «des codes du monde moderne». Elle «aimerait» toujours la consommation, parce que c'est le domaine privilégié où elle peut exercer une expertise mal utilisée dans la sphère professionnelle. Surtout, elle serait une «groupie des marques». Le markéting la voit attachée à des valeurs comme «le passé, porteur de vraies valeurs, la petite ville, la vie naturelle et la santé: un bonheur simple et à l'abri des risques». Elle attendrait de la part des marques «un discours rassurant» et même «des preuves d'amour concrètes[31] »...

La ménagère épanouie

Dans la publicité, l'archétype de la ménagère est assez récent. Les premières réclames, au milieu du XIXe siècle, qui vantaient des produits et des ustensiles pour l'entretien de la maison s'adressaient aux femmes des classes supérieures: sur les images figuraient donc des servantes, des valets, des majordomes, etc. Dans les années 1930, la publicité jouait sur le contraste entre le «petit personnel» à l'ancienne et les appareils modernes. Bientôt, la domesticité devenant plus rare, c'est l'épouse bourgeoise elle-même qui va s'atteler aux tâches domestiques. Les publicitaires s'adressent alors directement à la maîtresse de maison. Aujourd'hui, la maison est toujours le terrain du pouvoir de la femme, mais être ménagère n'est plus présenté comme le devoir de la bonne épouse. C'est presque un « métier » qui, pour être exercé, demande des compétences, des connaissances et de la créativité. Les publicitaires ont modernisé l'image de la ménagère, désormais présentée comme une « guerrière » menant une bataille contre la poussière et la crasse, au nom de la protection de la famille. Ils flattent donc les femmes en les présentant sous les traits d'une héroïne qui a de l'humour et qui « assure ». Dans un spot pour Sanytol (2010), par exemple, une femme jeune et jolie joue à la tireuse d'élite dans un appartement, se servant de sa bouteille de détergent comme d'un revolver pour détruire des lettres qui flottent dans l'air et forment les mots « microbes » et « virus ». Un autre spot pour les gants de ménage Mapa (2010) montre une mère de famille vigoureuse qui les enlève pour attraper la main d'un ado par-dessus le balcon et le soulever jusqu'à l'intérieur.

Parmi les publicités typiques qui utilisent les clichés de la ménagère et entretiennent le principe des tâches domestiques comme exclusivement féminines, on trouve celles pour les lessives. Les publicitaires ont repris l'idée traditionnelle que les femmes sont responsables de la blancheur du linge. Jusqu'aux années 1950, les femmes-publicité portent un tablier et s'appuient fièrement sur leur pile de linge fraîchement repassé. Dans les années 1960, avec les fers électriques « multifonctions » la ménagère peut tout faire en même temps (repasser et faire du ski nautique, par exemple). Plus tard, les arguments techniques s'imposent à côté des valeurs du foyer confortable et de la femme gardienne de la tradition, et les femmes sont montrées comme des spécialistes, des expertes en lessive. Dans les années 1980, des spots télé montrent des mères de famille de milieu populaire vantant telle lessive à la blancheur phénoménale. Les scénarios mettent en scène des ménagères faisant leurs courses auxquelles on propose de remplacer le baril de lessive Ariel par deux barils d'une autre marque. Les dames protestent et montrent leur attachement à la marque.

Historiquement, les publicités pour les appareils électroménagers sont pratiquement toujours fondées sur des arguments sexistes. Les réfrigérateurs et les cuisinières au gaz ont longtemps été le symbole de l'ascension sociale, du luxe et une manière d'afficher son goût de la modernité, avant d'être les auxiliaires de la ménagère parfaite, puis de la femme « libérée ». Les messieurs qui venaient inaugurer les premiers Salons des arts ménagers (de 1923 à 1983) parlaient déjà de « libération » des femmes. Dans les années 1950, alors que débute la course à l'équipement ménager, en France [32], les publicitaires misent sur le regard de l'autre, avec un discours du type « ne vous laissez pas distancer par vos voisins ». Dans les années 1960, la publicité utilise à nouveau les thèmes de la libération féminine et du féminisme. À cet égard, la formule creuse « Moulinex libère la femme » est « un chef-d'œuvre d'opportunisme et d'habileté dans l'emploi absolu du verbe [33] ». Le même argument de « libération » est utilisé pour vendre des lave-linge, puis des lave-vaisselle, des biens de consommation qui deviennent des symboles de progrès social. Un spot pour une machine à laver Peugeot en 1968 affirmait « tournez un bouton et vous êtes libre », et montrait une femme qui rejoignait son époux devant... la télé. Après l'électroménager, c'est au tour d'Internet d'être présenté comme l'instrument de libération des femmes. Dans une publicité pour le supermarché par Internet Houra (2001), on voit une femme bodybuildée soulevant un balai sur lequel sont accrochés un sac de pomme de terre et un pack d'eau minérale, pour figurer la corvée des courses hebdomadaires, avec le slogan « arrêtez la muscu du samedi ». Là encore, la technologie est présentée comme permettant d'« alléger » le travail dévolu à la femme, sans modifier aucunement la répartition traditionnelle des rôles dans le travail ménager. De nos jours, les publicités mettent parfois en avant les qualités de silence et d'économie de ces appareils, mais l'imagerie traditionnelle des femmes exécutant les tâches domestiques reste constante dans les spots télévisés pour vanter les mérites de détergents ou de produits électroménagers.

Les publicités liées à l'activité culinaire ont recours aussi au cliché de la ménagère, qui renforce la division traditionnelle du travail à la maison. Que les enfants soient présents ou pas, que les femmes soient ou non « au foyer », la cuisine quotidienne est une activité prise en charge par les femmes-publicité. La réclame d'autrefois s'adressait à la ménagère pour lui vendre des aliments tout prêts (conserves, produits surgelés, etc.) présentés comme un gain de temps. Or, on sait que même avec les plats préparés, ce sont encore les femmes en majorité qui se chargent des repas. Ce sont pratiquement toujours elles qui sont montrées en train de faire la cuisine au quotidien, comme dans une annonce de presse pour les services d'installation de plomberie SFA (vers 2007) : on a l'image classique d'une jeune femme en train de préparer un plat, sur un plan de cuisine au design moderne, tandis que derrière elle, un enfant en bas âge, attablé, attend son repas.

L'image de la femme aux fourneaux rejoint un vieil adage : « c'est avec de bons petits plats que l'on retient un homme durablement ». Au début du siècle, les publicitaires utilisent l'image de la jeune femme élégante en train de cuisiner : « Jeunes et souriantes comme il se doit, elles allument leur gaz, alimentent la combustion et surveillent l'allure des feux. Restées coquettes et gracieuses dans cette occupation, elles n'ont rien perdu de leur charme [34]. » La publicité actuelle incite toujours les femmes à cumuler les rôles de ménagère et de femme séduisante, comme sur une affiche pour le magasin de vêtements C&A (2002) dans laquelle une femme vêtue de sous-vêtements affriolants saisit un gâteau et ferme le four d'un coup de talon aiguille.

En dehors de la cuisine, les publicités pour les produits alimentaires courants mettent souvent en scène une femme, présentée comme responsable du repas. Un spot pour la télévision et Internet vantant le fromage du Cantal (2011) montre un couple en sortie à la montagne : l'homme « assure » la femme en train d'escalader la paroi rocheuse. Il demande soudain à sa compagne si elle a pris le fromage du pique-nique. Voyant son embarras, de colère, il lâche la corde. Deux autres spots de la même série jouent sur le même scénario : devant l'oubli de sa partenaire, l'homme réagit de manière brutale et disproportionnée. Le message est clair : la personne qui doit impérativement s'occuper de la nourriture du couple, c'est la femme. Et l'homme a le pouvoir de la sanctionner si elle fait mal son travail.

La mère parfaite

Le rôle de mère est une autre obligation sociale que la publicité contribue à renforcer. Le message qui prévaut est : « il n'y a rien de plus beau que de devenir mère. »

Les femmes-publicité sont présentées comme obsédées par la maternité, contrairement aux hommes-publicité qui ne s'y intéressent pas. Une annonce de Publicis pour une voiture Renault (vers 2002) de format dit « familial » montre un couple (hétéro) au lit. Elle lit un magazine intitulé *Naissance*, au dessus d'une photo de bébé. Lui, il lit un journal, avec en couverture une voiture. Le slogan : « Un bonheur n'arrive jamais seul. » Traduisez : elle est heureuse de l'arrivée prochaine du bébé, et lui de l'arrivée prochaine de la voiture. Ailleurs, on présente le fait de donner naissance aux enfants comme un privilège qu'il faut célébrer. Une annonce pour l'enseigne de vente par correspondance Les Trois Suisses (1999) montre ainsi une jeune femme correspondant à l'archétype de la princesse (cheveux blonds et vaporeux, yeux bleus, robe à crinoline scintillante). De dessous sa robe apparaît une ribambelle de nourrissons nus, rampant par terre, l'air joyeux. « C'est une chance d'être une femme » dit le slogan qui sous-entend qu'être femme c'est, essentiellement, jouer à être une princesse et avoir beaucoup d'enfants.

La femme enceinte avec son gros ventre est apparue dans les médias seulement dans les années 1970. Auparavant, sa silhouette arrondie semblait incongrue et ne correspondait pas à l'esthétique en cours [35]. Les débuts de son apparition se limitent à des produits liés à la grossesse. Il faudra attendre les années 1980 pour apercevoir la femme enceinte dans des publicités sans rapport avec la maternité. Les années 1990 sont marquées par une véritable « explosion » de son utilisation. La future mère mise en scène est le plus souvent une femme d'une trentaine d'années, dénudée et avec le ventre bien arrondi de fin de grossesse. Les mains posées sur le ventre, la tête penchée en avant, elle adopte généralement une attitude méditative. La femme est nue pour « souligner le naturel, la pureté que représente l'idée de la maternité[36] ». La présence d'une femme enceinte « humanise » des produits aussi « froids » que l'informatique, l'industrie pétrolière, la finance, les assurances. La grossesse veut suggérer la sérénité, la puissance et, par contraste, le besoin de protection, l'avenir, la sécurité, la vie, la nature, ou encore le « développement durable ». Une affiche pour des jus de fruits Carrefour (vers 2009) montre un gros plan sur un ventre de fin de grossesse, la main de la femme posée dessus, accompagné de la phrase : « Agir pour les générations futures. »

Avec l'arrivée de lignes de vêtements de marque pour femmes enceintes, la dictature de la Beauté perdure pendant la période de la grossesse. Un exemple typique est une affiche pour l'enseigne de prêt-à-porter Gap (vers 2005) montre un gros plan sur un ventre de fin de grossesse, la et sa gamme pour femmes enceintes. La mannequin a tous les attributs habituels : très grande, teint bronzé, cheveux longs, yeux clairs, ligne svelte, en plus du ventre très arrondi. L'image implique que rester « mince », c'est-à-dire conserver des lignes dites harmonieuses, et être sexy, est devenu une obligation aussi pour les femmes enceintes. Ce modèle de femme enceinte idéale (retouchée par ordinateur) veut incarner le comble de la féminité. Un peu comme si la grossesse devenait une sorte de « produit cosmétique » censé embellir les femmes... Les mères (et les futures mères) de la publicité sont donc des icônes de pureté et de « naturel » ; le paradoxe étant que ce naturel pour être obtenu doit être « travaillé » par des produits divers (vêtements, produits de beauté, etc.).

La publicité rappelle que la société attend des femmes qu'elles se chargent « naturellement » de ce qu'on appelle l'« élevage » des enfants, qui consiste à les nourrir, les soigner, assurer l'entretien de leurs affaires, etc. Elle ne montre quasiment pas de pères qui prennent soin des jeunes enfants. Une annonce pour les crèmes Weleda (2011) le dit clairement, c'est une histoire « entre maman et bébé, naturel et authenticité ». Une autre pour un pèse-bébé montre une jeune femme penchée sur un bébé, avec au dessus d'elle le slogan « le soin, par nature c'est elle... la précision, c'est Tefal » (2011). Les slogans donnent à la mère une place essentielle, tout en soulignant qu'il n'est pas suffisant d'être une femme. Pour être complètement mère, il faudrait acheter le produit. Le slogan d'une annonce pour les biberons Bébisol (2011), « complices dès la naissance », suggère que la relation entre la mère et le bébé passe par l'objet qui est sur la photo, tenu par la femme (nue) comme un talisman. La complicité entre le produit et la mère est mise sur le même plan que celle entre la mère et l'enfant, comme si c'était le produit qui permettait la relation mère-enfant.

Quand il s'agit de nourrir les enfants, là aussi les pères sont absents. On peut le comprendre quand il s'agit de nourrir un bébé au sein. Notons au passage que le corps de la jeune mère est souvent présenté comme un corps-objet (la tête de la mannequin n'est pas dans le cadre), ou réduit à un sein nourricier. Par contre, lorsqu'il s'agit de préparer un biberon ou un repas, l'absence des pères est moins logique. Le slogan d'une publicité pour les petits pots Blédina (2010), « du côté des mamans », et celui vantant un lait infantile Candia (2011), « le bon plan pour les mamans », signifient bien que donner à manger aux tout-petits est uniquement l'affaire des mères. Quand les enfants grandissent, cela ne change guère : une publicité présente les yaourts Yoplait (2011), avec la photo en gros plan des visages d'une jeune femme et d'un jeune enfant, comme « le choix préféré des mamans». Le discours publicitaire affirme finalement que les mères seraient perdues sans les marques, qui seraient là pour leur enseigner leur rôle maternel. C'est ce que proclame le slogan d'une marque de vaisselle à travers la bouche d'un bébé sortant d'un chou: «Sans Tigex, Maman serait dans les choux» (2011). Les marques se présentent comme des expertes en puériculture qui éduquent les femmes, ce qui explique le ton moralisateur, voire catégorique, de certaines publicités. Les publicitaires, encore une fois, entretiennent une inquiétude (celle de ne pas être assez dévouée, assez attentive, assez maternelle) et proposent une solution pour rassurer la consommatrice : l'achat de tel produit.

La publicité renforce donc les préjugés sexistes qui veulent que ce soit la mère, et uniquement elle, qui ait la charge et la responsabilité du soin des enfants (en bas âge ou plus grands). Elle glorifie l'instinct maternel, dont on sait à quel point il est construit socialement, et présente la relation entre la mère et l'enfant comme une relation dont les hommes sont exclus. Indirectement, elle encourage les pères à se décharger de cette fonction parentale sur les mères, en toute bonne conscience, puisque ce serait une histoire de «nature»...

Notons que la publicité a aussi intégré le travail salarié des femmes et présente régulièrement des femmes en train de cumuler leurs charges domestiques, professionnelles et éducatives. L'annonce pour le complément alimentaire Femibion (2011), par exemple, présente une femme à cinq moments de la journée: en robe du soir, en vêtements de sport, en train de se remaquiller, en train de porter bébé ou les courses, en train de téléphoner. La double journée effectuée par les mères qui travaillent à l'extérieur mais également au foyer, avec les tâches domestiques, est présentée comme normale et souhaitable: cela équivaut à «vivre pleinement leur vie de mamans». Cette surcharge de responsabilités est rendue possible par la consommation des produits spécialement conçus pour elles, pour les aider à «retrouver énergie et vitalité».

La famille harmonieuse

L'image du foyer douillet et accueillant est présente dès les débuts de la publicité: elle sert à représenter le confort domestique, à donner un sens au travail de la ménagère, à faire rimer « modernité» et «tranquillité». Les équipements de la modernité (le gaz, l'électricité, l'eau courante...) sont vendus comme les garants de l'harmonie domestique. Une réclame pour le gaz domestique (1910) s'appuie sur cet idéal de foyer chaleureux : la gravure en couleur représente un homme arrivant du travail dans la cuisine où l'accueille une petite fille blonde; sa femme, assise, donne le sein à un bébé, la table est prête pour le dîner, les casseroles sont sur le feu. Les personnages échangent un dialogue: «– Ah, je suis bien fatigué! – Mon ami, tout est prêt! Grâce à la cuisine au gaz, j'ai pu faire le ménage, surveiller les enfants et faire la soupe. Nous n'avons plus qu'à nous mettre à table!» Quarante ans plus tard, Butagaz (1954) fait un clin d'œil à cette même image pour promouvoir ses radiateurs. Cette fois, c'est une photo couleur qui montre l'homme retrouvant sa femme, trois enfants et la grand-mère qui tricote. Certains affichistes prennent l'image du nid d'oiseau avec le père, la mère et le petit garçon, comme Léo Kouper, pour le confort électrique (1965).

La famille, ce n'est pas seulement le confort, c'est aussi un groupe dans lequel chacun joue son rôle défini par des stéréotypes. Le dessin d'une réclame pour un fer à repasser Thermor (vers 1960) met à l'honneur le modèle de la «famille sans faux-plis» (c'est le slogan): le père fumant la pipe, la mère élégante et stricte, les deux enfants blonds, un garçon, une fille[37] (1962). Aujourd'hui, la famille est encore représentée de manière idyllique. Quand elle pose pour la photo, l'élément central reste la mère, forcément jeune et fraîche, tenant un bébé, et entourée d'un petit garçon, d'une petite fille blonde, d'un homme jeune, détendu et à l'air «cool», et d'un homme d'une soixantaine d'année. Ce cocon familial réuni autour de bébé vante un produit Nivéa pour bébé (2011).

On remarque que la publicité met aussi en avant les relations mère-fille ou père-fils, comme un vecteur de transmission de la culture de la féminité ou de la virilité. La campagne de la marque de prêt-à-porter le Comptoir des Cotonniers montre un bel exemple d'une transmission mère-enfants. Depuis dix ans, ses publicités reposent sur un même principe : le portrait en pied d'une femme non mannequin accompagnée de sa fille ou de ses filles, préados ou ados. Tout est fait pour souligner la ressemblance entre des filles de treize ans et des femmes de 40 ans, et jouer avec une certaine confusion des âges.

Les maîtresses de maison et les mères de famille des publicités ont changé de style et ne ressemblent plus tout à fait à l'archétype de la bourgeoise des années 1950, mais elles véhiculent le même message: le ménage, la confection des repas, le soin aux enfants, bref, toutes les tâches d'entretien de la maison et de la famille sont l'apanage des femmes.

DES VICTIMES PASSIVES

La publicité fabrique également des images qui évoquent une violence infligée aux personnages féminins.

Que ces dernières soient malmenées comme des objets, écrasées par un homme qui les domine, blessées ou simplement menacées, ce qui est présenté c'est une position traditionnellement réservée aux femmes : celle de subir les violences sans se défendre.

Là encore, les publicitaires n'ont pas inventé les images de femmes en position de victime. Dans l'histoire de l'art (peinture, cinéma, etc.) et dans la culture de masse (romans de gare, presse à sensation, bandes dessinées...), on retrouve un grand nombre de représentations de femmes en mauvaise posture face à des agresseurs. Cette imagerie abondante comprend les femmes kidnappées (on pense par exemple au Rapt des Sabines, un épisode de la mythologie latine très souvent peint), poursuivies, traquées, menacées par des créatures malveillantes (du bandit à l'extraterrestre en passant par les « sauvages »). Le point commun de ces images est de montrer des personnages féminins passifs, le plus souvent désarmés, terrorisés, qui doivent leur salut à des héros forts et courageux. Ces représentations construisent un des mythes de la féminité : la femme serait une proie facile, plus faible physiquement et moralement, incapable de se défendre. Les images stéréotypées de violence contre les femmes concourent à renforcer le préjugé selon lequel les hommes sont « tous » plus forts que toutes les femmes, et inversement les femmes sont toujours plus faibles que n'importe quel homme. Ces images de vulnérabilité féminine construisent aussi un des mythes de la virilité : l'homme est le seul à pouvoir protéger la femme, il doit lui apporter sa protection tel un chevalier servant. Les images de femmes comme faibles victimes rappellent la position de chaque sexe dans le rapport à la violence.

Montrer des femmes maltraitées par un homme s'inscrit aussi dans la tradition de l'humour misogyne.

Au travers des blagues ou des dessins «humoristiques», cet humour consiste à faire passer pour une aimable plaisanterie les violences des maris contre leur femme, alors qu'au fond il affirme la violence comme une façon d'exercer une autorité masculine, de marquer des limites aux femmes. Au travers du rire, le message implicite est le suivant: les femmes qui refusent de se soumettre aux hommes courent le risque d'être «punies» physiquement. Ces connotations sont généralement présentes quand des publicités font voir des femmes en position de victime.

Nous l'avons vu, le corps des femmes-publicité est soumis à toutes sortes de traitements brutaux qu'elles se font subir à elles-mêmes. Dans ces cas-là, la violence est niée : le corps féminin est présenté comme un matériau insensible et malléable que la femme (ou le produit) maltraite pour lui donner forme. Le corps féminin est aussi montré comme un objet que l'on manipule à loisir. Dans une publicité pour les sous-vêtements Dim (vers 2008) qui imite une fiche-cuisine, deux jeunes femmes, l'abdomen traversé par une baguette de bois, sont encadrées par une fraise et une pomme. «Brochette de fruits. Jolie... Jolie...», dit le slogan. Nous ne sommes évidemment pas dans une image réaliste: le corps féminin est traité comme une friandise, prêt à être consommé.

D'autres campagnes offrent le spectacle de femmes-publicité qui portent des signes de souffrance, mais traités de manière dédramatisée. Une affiche pour la banque Barclays (1994) montre le visage d'une femme en pleurs, son maquillage ayant coulé, qui semble pleurer non de joie mais de tristesse ou de douleur. Le texte dit: «Elle ne pleure pas parce qu'elle perd de l'argent, mais elle en perd quand même.» L'idée avancée est que les femmes pleurent pour un rien, et que la cause de leurs larmes n'a donc pas d'importance. Dans le même registre, une affiche pour une photocopieuse couleur présente une jeune femme cadrée du buste jusqu'au visage (on ne voit pas ses yeux) : sur sa joue, une marque rouge vif se détache. L'accroche dit: « Coup de soleil? Gifle? Pudeur? Une impression Brother sait faire la différence » (2001). Une brûlure de soleil, un hématome et un signe d'émotivité sont mis sur le même niveau, celui de l'anecdote.

Le thème de la « femme battue » par son conjoint est parfois explicitement évoqué, comme dans une annonce pour les lunettes Visual (1994) : sous le visage en gros plan d'une femme au visage meurtri, on peut lire: « Non ce n'est pas une femme battue, c'est une femme qui a raté une marche dans les escaliers. » Les blessures (saignements, bleus, yeux au beurre noir, etc.) sont souvent présentées de façon esthétique. L'usage de l'ironie et d'un second degré frôlant le cynisme justifierait tout. Comme si le public (adultes et enfants) devait faire une différence entre une image violente au premier degré et une image violente au second degré.

Même sans représenter de personnages féminins en souffrance, les publicitaires suggèrent la violence contre les femmes de manière allusive. Ainsi une publicité pour une crème fraîche de Candia (2000) qui a fait parler d'elle est fondée sur un jeu de mots douteux. L'affiche montre une femme « sans tête », debout, les poings sur les hanches, tenant des ustensiles de cuisine. Le texte dit : « Babette, je la lie, je la fouette et parfois elle passe à la casserole. » Le prénom féminin permet de personnifier le produit et de suggérer que la femme de l'affiche va lui faire subir des violences. Les relations entre la femme et la crème fraîche sont les mêmes qu'entre l'homme et la femme, « passer à la casserole » signifiant faire subir des violences sexuelles. La marque a récidivé l'année suivante avec le même visuel et le slogan : « Babette, j'en fais ce que je veux», apparemment moins brutal mais tout aussi sexiste puisque « Babette » est présentée comme un objet soumis aux désirs du consommateur.

Certaines publicités mettent en scène des hommes-publicité violents, dans des attitudes très agressives vis-à-vis des femmes-publicité. Elles y sont des proies inertes, hors d'état de réagir. Ce sont des images d'étranglement, comme dans une annonce pour la marque de vêtements masculins Duncan Quinn (2009) : un homme en costume tire par le cou, à l'aide d'une cravate, une femme en sous-vêtements allongée par terre. Parfois, la violence conjugale est explicite, et se présente comme une manière de régler « naturellement » une dispute. Une affiche pour le fournisseur d'accès Club-Internet (2004) montre une femme allongée au sol, dont on ne voit que les jambes chaussées de sandales à talons. Son corps est masqué par la porte ouverte d'un lave-vaisselle. Le texte dit : « À la place de mon match, elle voulait voir un documentaire sur les étoiles filantes. Elle les a vues. » Bien sûr, c'est un personnage masculin qui est censé parler. Dans une autre version de la même campagne, on voit la photo d'une femme enfermée dans une machine à laver (on voit son visage et ses mains derrière le hublot), assortie du commentaire : « Elle souhaitait voir un vieux film noir et blanc. Son mari a préféré lancer un programme couleur. » Sous couvert d'un humour de mauvais goût, la publicité réaffirme le « droit » pour les hommes de défendre leur suprématie : dans le couple, c'est eux qui sont censés décider.

Des proies sexuelles

De nombreuses publicités associent le fait d'être objet de violence et d'être objet érotique. Ce sont celles qui montrent les femmes en position de faiblesse ou de victimes qui seraient, de ce fait, particulièrement désirables sexuellement. On trouve cette imagerie dans les médias de masse, notamment dans les *comics* et les mangas *hentaï* pour hommes et adolescents, où abondent les dessins de jeunes femmes en petite tenue et en mauvaise posture, de « pauvres créatures » innocentes et sexy.

La prisonnière bâillonnée, ligotée, immobilisée d'une manière ou d'une autre est un personnage qui revient régulièrement dans les publicités. Cette violence est généralement seulement symbolisée, mais elle est liée à l'érotisme. Une image publicitaire pour un parfum Hermès (vers 2005) montre une jeune femme très mince, nue, coiffée d'un chapeau, avec un filet en résille sur le visage. Un ruban noir enroulé autour d'elle lui entrave les épaules et immobilise sa main gauche. L'allusion à la pratique du « *bondage* » est claire, en même temps que l'image de la femme-cadeau emballée. La cravache qu'elle tient dans sa bouche fait aussi référence à des jeux sexuels sadomasochistes.

On peut rencontrer dans des publicités des sous-entendus de violences sexuelles, de menaces de viol. Dans de nombreuses images, c'est l'ambiguïté qui prévaut. Comme le résume Jean Kilbourne : alors, « on ne peut pas faire la différence entre un acte de séduction et un acte d'agression[38] ». Ainsi, des images de mains d'homme qui saisissent les seins ou les fesses d'une femme mettent en relief le geste d'appropriation : rien n'indique que la femme soit d'accord ou pas. Dans d'autres scènes, le rôle de prédateur de l'homme est assez clairement affirmé. La situation est alors excessivement esthétisée. La marque de mode Dolce & Gabbana (2007) utilise régulièrement cette ficelle. Dans une annonce de presse, la photo présente une scène en extérieur où une jeune mannequin couchée à terre est immobilisée de force par un personnage masculin aux lunettes noires qui lui maintient les poignets. Autour d'eux, quatre jeunes éphèbes musclés, debout, regardent froidement la scène. La référence à une scène de viol collectif est transparente [39]. Notons au passage qu'en érotisant une situation d'agression sexuelle les auteurs de l'image choisissent de donner au spectateur (et à la spectatrice) le point de vue des violeurs potentiels et non celui de la victime.

Dans le domaine de la banalisation des violences sexuelles, l'agence Young & Rubicam s'est fait remarquer par sa campagne pour la marque Suchard (1996) : une femme noire (la mannequin Tyra Banks), nue et recouverte de feuilles d'or, est censée représenter le chocolat. On retrouve encore une fois l'assimilation de la femme à une friandise, les deux étant des gourmandises à consommer par pur plaisir. On retrouve aussi l'association classique entre une femme de couleur et une denrée exotique. L'autre problème est que l'argument publicitaire (« Vous dites non, mais on entend oui ») censé s'adresser au passant, fait allusion à la violence sexuelle. La phrase rappelle, en effet, une justification couramment utilisée de la part d'hommes qui ont commis un viol, en parlant de la femme agressée : « Elle disait non mais ça voulait dire oui. » Le viol est minimisé car présenté comme une simple méprise sur le consentement de la femme. Cette publicité, comme d'autres qui jouent en permanence sur le brouillage du consentement féminin, exploite de manière implicite la thématique du viol. En faisant des allusions à des rapports sexuels forcés (sans jamais les représenter), ces publicités considèrent que le fait qu'une femme soit d'accord ou pas est secondaire.

Les clichés liés à la violence sont largement exploités à des degrés divers par les publicitaires. Les femmes-publicité constituent une sorte de matière première que l'on peut malmener, comme si elles étaient un matériau souple et adaptable aux désirs masculins. Ces images contribuent d'une part à construire l'idée que les femmes sont « naturellement » faibles et impuissantes face à une attaque contre leur intégrité. D'autre part, en présentant des femmes dominées sexy et des hommes dominants séduisants, elles diffusent l'idée que la relation érotique entre un homme et une femme est fondée sur la domination. Lorsque la publicité se sert de l'humour machiste et joue sur la connivence virile avec le spectateur, elle valorise des comportements intolérables.

DES FANTASMES RACISTES

On pense souvent que les publicités racistes n'existent plus. Pourtant, les publicitaires du XXIe siècle continuent à puiser dans le réservoir de stéréotypes racistes construits au cours des périodes esclavagistes et coloniales. Rappelons que l'idée selon laquelle il existerait des « races », c'est-à-dire des « catégories naturelles fermées » d'êtres humains, relève d'une idéologie raciste et d'un rapport de domination.

Quand ils décident de représenter des femmes non-blanches, les publicitaires ont encore trop souvent recours à l'imaginaire colonial masculin, toujours vivace dans notre culture [40]. Cet imaginaire conjugue préjugés racistes et misogynes. Il perçoit les femmes non-blanches comme différentes à la fois physiquement, sexuellement et socialement, des femmes blanches. Si la misogynie est une attitude qui refuse de voir la femme comme une personne à part entière, tout en la prenant pour un objet de désir, le racisme accentue encore cette attitude. Dans le publisexisme, la femme non-blanche est réduite à un corps davantage encore que la femme blanche. Elle sera acceptée à la condition d'apparaître comme suffisamment désirable pour les hommes.

Le regard social masculin classe les femmes suivant leur physique, selon qu'elles sont conformes ou non aux normes de Beauté, et selon leur « type » de Beauté. Des stéréotypes ethniques bien définis sont apparus : « la Négresse », « la Métisse », « l'Asiatique », etc. Ces différents types de femmes excitent la conquête sexuelle et promettent des expériences érotiques particulières. L'imaginaire machiste contemporain est encore empreint de la mentalité coloniale, construite notamment par les Expositions coloniales (à partir de 1931, elles ont mis à la mode les beautés exotiques). Dans l'imaginaire colonial, « la colonisation sexuelle des femmes, réelle ou symbolique, est un élément fondamental de contrôle et d'assujettissement[41] ».

La publicité exploite abondamment ce cliché. Des affiches pour le site Internet de rencontres Meetic (vers 2005) présentaient une mannequin typée sur chaque affiche : une femme noire, une femme asiatique, une femme de type slave. On comprenait que le site Internet était l'équivalent d'un supermarché avec différents « modèles » de femmes en rayon. Comme si ces femmes « de toutes les couleurs » étaient des pièces rares à collectionner pour le séducteur.

On peut identifier deux types de femmes « exotiques » traditionnelles récurrents dans la publicité. L'Orientale est sans doute le plus ancien, né avec à la mode « orientaliste » du XIXe siècle. La femme indigène du Moyen-Orient est construite comme une figure de rêve, une promesse d'aventure, de dépaysement digne des contes des *Mille et une Nuits*. La femme-publicité orientale est présentée comme une spécialiste des secrets de beauté, censée authentifier les produits cosmétiques. Dans une réclame de 1894, c'est une Orientale plantureuse, la main sur la hanche, qui sourit, complice, à la Parisienne pour lui recommander la Crème Orientale. Une publicité actuelle pour la lingerie Chantelle (vers 2005) présente un stéréotype de la beauté orientale : peau ambrée, abondante chevelure frisée, sensualité, tatouages, etc.

Le harem, symbole du fantasme masculin d'un monde de femmes soumises aux désirs de l'homme, est un autre motif classique. « Le mythe de l'Orient voluptueux et de ses femmes de harem fait aussi bien rêver le bourgeois du XIXe siècle, épris de conquête coloniale, que nos contemporains célébrant le culte du corps et de ses plaisirs [42]. » De temps en temps, le décor du harem est encore là pour figurer le lieu de la lascivité pour les femmes elles-mêmes, par exemple dans une annonce pour les cosmétiques Rochas (1986).

Les stéréotypes de femmes noires (comme d'hommes noirs) sont des ingrédients classiques de la publicité en France. Dès la fin du XIXe siècle, ils sont systématiquement associés aux produits exotiques : café, chocolat, tabac, bananes, ananas, dattes, riz, poivre, etc. Le personnage publicitaire de La Negrita, par exemple, inventé dans les années 1890 pour vanter le rhum Old Nick, existe toujours aujourd'hui : il a l'apparence d'une femme à la peau foncée, en paréo, avec des bracelets aux chevilles et aux poignets, pieds nus, et portant une énorme bouteille de rhum sur un plateau.

La nudité (surtout de la poitrine) des personnages de femmes noires veut exprimer un érotisme insouciant et impudique. Une réclame pour les radiateurs Le Sorcier (1925), par exemple, représente une femme de chambre à la peau brune, avec un fichu en madras, alanguie dans un fauteuil, la poitrine dénudée, qui rêve à une case sous les tropiques, dans un nuage de vapeur chaude émis par l'appareil.

Dans les publicités, ces femmes-publicité servent à suggérer une forme d'érotisme exotique marqué par une certaine exubérance sexuelle. Les femmes noires sont vues comme attirantes parce qu'elles sont censées posséder une sexualité proche de la bestialité. Selon les clichés racistes, « la bonne noire évoque la liberté sexuelle non contrainte socialement ainsi que la nudité et la fête » d'après l'écrivain Yann Le Bihan[43]. À partir de 1925, la chanteuse de music-hall Joséphine Baker devient l'un des emblèmes de la publicité, et inspire même un archétype : la danseuse noire longiligne, portant des attributs exotiques (la ceinture de bananes), et ayant, selon le cliché raciste, « le rythme dans la peau ». Joséphine Baker a inspiré des centaines de personnages publicitaires, comme la femme noire qui ressort blanchie d'une lessiveuse (1925), selon un thème publicitaire classique. Un autre de ces doubles brandit une cafetière derrière un homme qui tient, lui, une cocotte-minute (1946). Le slogan reprend la chanson de Baker : « J'ai deux amours ! ... mon auto-thermos et mon perco-thermos. » Dans les années 1980, les publicitaires se servent encore de cette référence : sur une affiche pour la lingerie Lou (1983), une femme aux cheveux courts, à la peau sombre et huilée qui fait ressortir son slip et son soutien-gorge blancs, semble danser de manière endiablée. Les anneaux d'oreilles et le pagne en raphia symbolisent l'exotisme.

Aujourd'hui, différents stéréotypes de femmes noires sont encore à l'œuvre dans l'imaginaire masculin et donc dans la publicité. Yann Le Bihan qui a étudié les bandes dessinés des journaux masculins en a identifié trois, tous produits par la culture coloniale : la « Négresse », la « Métisse » (ou mulâtre) et la « Peule ». La « Négresse » est souvent réduite à une caricature, avec de grosses lèvres rouges qui mettent en valeur la blancheur des dents. Elle est présentée comme une femme hyper-féminisée : souvent très dénudée, la bouche encore plus ouverte que celle des femmes blanches. Moins présente qu'autrefois, elle resurgit parfois dans la publicité. C'est le cas dans une annonce pour les sacs Evolution (vers 2005) présentant en gros plan et en noir et blanc le visage d'une jeune femme noire portant une cagoule de cuir utilisée dans les pratiques sadomasochistes. La fermeture Éclair ouverte à l'emplacement de la bouche fait ressortir ses lèvres pulpeuses très maquillées. L'association d'une femme noire et d'un accessoire qui fait partie des codes de la domination sexuelle est des plus ambiguës : il induit l'idée que la jeune femme est une esclave sexuelle.

La Métisse (ou mulâtresse) est traditionnellement présentée comme sophistiquée, érotique, lascive, capricieuse et séductrice. L'emblème en est la top-modèle Naomi Campbell. Dans une publicité pour les sacs Vuitton (vers 2005), la mannequin est étendue sur le dos, dans une pose offerte, mettant en valeur la finesse de ses membres. Vêtue d'une tenue dorée, portant des souliers à très hauts talons, elle affirme une féminité excessive. Le décor de dunes du Sahara renvoie à un exotisme africain de carton-pâte.

Un stéréotype de la femme de couleur se distingue des deux premiers : c'est la femme dite « peule ». Elle se caractérise par une peau sombre et une physionomie proche des critères esthétiques de la féminité occidentale : traits fins, silhouette grande et élancée, port de tête droit. Elle est censée posséder une « noblesse naturelle ». Encore aujourd'hui dans les images de mode et la publicité, on note que les femmes noires modèles de beauté sont plutôt celles qui ont des traits physiques proches des critères européens, et la peau claire. La femme noire au corps sculptural est bien souvent présentée comme un objet luxueux. Par exemple, sur une publicité pour les bagages Longchamp (2005) une grande femme à la peau très sombre, vêtue seulement d'un slip, sert de faire-valoir aux objets : assise sur une valise à roulette, elle tient un sac en équilibre sur sa tête, évoquant le portage traditionnel africain. L'ensemble fait référence à la fois à une sculpture et à l'esclave portant les bagages du maître.

Parce que les images publicitaires ont tendance à associer aux femmes noires des notions comme « l'instinct » ou « la sauvagerie », en particulier aux États-Unis, Jean Kilbourne estime que les femmes noires sont plus souvent reliées à l'animalité. Elles seraient présentées « comme des êtres fantastiques ; pas vraiment humaines [44] ».

Dans les publicités pour le tourisme, le corps des femmes de pays lointains est souvent mis en avant. Les mannequins deviennent alors des « ambassadrices de charme », non dépourvues d'ambiguïté, puisque l'argument publicitaire repose sur la beauté et la jeunesse des habitantes des pays visités. Surtout, il s'agit de faire passer les qualités professionnelles des hôtesses de l'air, par exemple, pour des qualités « naturelles » liées à la « race » locale. Les femmes des pays « du Sud » et d'Europe de l'Est sont alors mises en scène comme des bibelots exotiques. « Votre voyage vers Tahiti et ses îles commence avec nous », dit ainsi une publicité pour la compagnie aérienne Air Tahiti Nui (vers 2005), montrant sur un paysage de cocotiers, en couleur, une jeune femme au sourire radieux et aux traits typiquement polynésiens. Cette autre affiche pour la compagnie aérienne thaïlandaise

Thai (vers 2006) met en scène une jeune et jolie femme qui baisse les yeux sur une bougie, donnant une image de sérénité qui peut aussi être interprétée comme de la soumission. Vendre un pays en mettant en avant les femmes de ce pays est un procédé sexiste qui induit que l'une des promesses du voyage est la possibilité d'avoir des relations sexuelles avec les habitantes. La référence au fantasme d'une hospitalité généreuse impliquant une sexualité libérée n'est pas loin : c'est le fantasme des indigènes ayant des mœurs plus libres que les nôtres, et pratiquant le partage des femmes. Ces publicités font appel au mythe d'un paradis perdu, où les rapports entre les hommes et les femmes seraient « naturels », c'est-à-dire « conforme à la traditionnelle domination masculine[45] ».

Parfois, les publicitaires osent faire une référence directe au tourisme sexuel. C'est le cas d'un encart paru dans la presse pour la compagnie aérienne Sky Europe (vers 2007). Il mettait en scène une jeune femme blonde, en porte-jarretelles, couchée sur le côté et regardant le lecteur-la lectrice dans les yeux. La publicité portait également le logo d'une deuxième marque (celle de la lingerie Triumph). L'association entre des voyages à destination des capitales d'Europe de l'Est et la présence de cette femme de type slave dénudée est un clin d'œil pervers à la réputation de cette zone géographique de fournir des prostituées aux réseaux de proxénétisme en France. La publicité semble promettre que ce personnage féminin soumis aux désirs des hommes pourrait attendre le voyageur quelque part dans la capitale slovène ou polonaise.

Dans la publicité, les images de femmes de couleur, maghrébines ou d'Europe de l'Est, sont souvent mises en scène selon les fantasmes masculins hérités de l'imaginaire colonial. Elles sont en tous les cas réduites à leur plastique et à leur charme, et déshumanisées doublement, comme autre « sexe » et comme autre « race », pour le plaisir des yeux masculins. Les fantasmes racistes reposent sur une fascination pour la femme comme mystère, ou comme « éternel féminin ».

LE MYSTÈRE FÉMININ

Dans la publicité comme dans l'ensemble des productions culturelles (films, peintures, photos, littérature, etc.), l'imaginaire érotique qui s'exprime est, en grande partie, celui des hommes. Dans cet imaginaire, les femmes sont souvent réduites à des objets de désir, et valorisées en tant que tels : elles sont présentées comme des êtres mystérieux, presque irréels, en tous les cas « supérieurs ». La féminité est alors définie comme un pouvoir de fascination sur les hommes.

La théoricienne du cinéma Laura Mulvey a montré dans un article majeur[46] comment le cinéma hollywoodien classique filme la femme comme un objet : elle est un objet pour les personnages masculins et pour les spectateurs. Le cinéma donne aux hommes un rôle actif et aux femmes un rôle passif : celles-ci sont souvent réduites à une image exhibée pour le plaisir masculin. Le regard masculin sur ces dernières se caractérise par le voyeurisme (la femme est scrutée comme pour en percer le secret, jusqu'à parfois la rabaisser) et par le fétichisme (la femme est vénérée et admirée). On retrouve ces deux regards dans la mise en scène des femmes-publicité.

Selon le publisexisme, la féminité implique non seulement d'être tournée vers le désir masculin (et de correspondre aux critères de Beauté et de vulnérabilité), mais aussi de posséder une « nature » extraordinaire. La femme serait d'une étoffe différente, sublime. Cette idée ancienne née avec l'amour courtois consiste à mettre la femme aimée sur un piédestal telle une déesse. L'idée qu'il existe un « mystère féminin » est aussi présente dans les clichés qui consistent à assimiler les femmes à des créatures impulsives, intuitives, proches de la nature, bref, à des animaux. Ces mythes de la féminité ont un point commun : ils renvoient à des images d'êtres déshumanisés.

Des objets d'adoration

Très régulièrement, la publicité met en scène des femmes incarnant la Beauté parfaite tels des objets rares et précieux. Depuis les débuts de la publicité graphique, les illustrateurs qui conçoivent les réclames ont eu largement recours aux figures allégoriques, déjà présentes dans la peinture classique : Vénus de la mythologie, fées, muses, etc. Ce sont des femmes irréelles, aériennes, dénudées, entourées de voiles flottant, évoquant un érotisme discret. Aujourd'hui encore, on retrouve cette fonction allégorique de la femme, quand une annonce de presse pour une voiture Peugeot (2000) met en scène une créature féminine, sorte de Diane chasseresse, censée incarner... la route, accompagnée du slogan : « Entre la route et vous, une nouvelle histoire d'amour. »

Dans le même esprit, la publicité a très tôt exploité l'image de femmes réelles qui possèdent une aura quasi-surnaturelle : les stars. Déjà au XIXe siècle, l'actrice Sarah Bernardt jouait les « ambassadrices de beauté » pour vendre des corsets et toutes sortes de produits. La star, qui symbolise la réussite et le summum de la féminité, dit, en substance, que les femmes de la rue peuvent espérer lui ressembler, moyennant l'achat du produit. À partir des années 1930, des stars de cinéma lancent leur ligne de produits (des cosmétiques) censés être porteurs de leur prestige.

Ces images appuient l'idée que certaines femmes sont des idoles à vénérer. Ainsi revient régulièrement la situation dans laquelle une femme est entourée de plusieurs hommes qui ont l'air fascinés par sa beauté, comme dans une annonce pour le parfum Cinéma d'Yves Saint-Laurent (2006). Ces femmes-publicité sont des statues à adorer, de beaux objets, en somme.

Des objets-femmes

Comme un bouquet de fleur, la jolie femme sert à égayer tout produit un peu austère : des pneus, un produit d'assurance ou n'importe quoi d'autre. La femme objet de désir est aussi un objet de décor. La mannequin peut ainsi avoir une fonction de présentoir, et se confondre avec un objet. Dans une publicité pour un *organiser* électronique Palm (2000), une femme nue, assise tête baissée, tient le produit comme une offrande. Même si un nom et un métier (danseuse) lui donnent une individualité, le personnage s'efface entièrement derrière l'objet. Il y a aussi les « femmes statues » qui sont de simples supports de la marque, à l'image d'une mannequin noire, nue, debout sur des talons hauts, le corps recouvert d'autocollants de la marque de café Lavazza (2001). Elle est assimilée au produit à vendre, comme dans d'autres publicités où des parties du corps des femmes portent une étiquette, comme pour un vêtement. Dans une publicité pour le coiffeur Franck Provost (vers 2006), la chevelure d'une femme est certifiée « cashmere ». Comme si le corps devait ressembler au produit pour avoir une valeur.

De manière explicite, la femme-publicité peut aussi devenir objet. Une annonce de presse pour un parfum Jean-Paul Gaultier (vers 2006) montre une mannequin en robe fourreau noire, sophistiquée, et sur l'autre page, le même personnage miniature, dans une boule à neige. La femme est devenue une statuette, un objet souvenir. Les femmes-objets deviennent également des objets-femmes quand elles sont représentées emballées comme des cadeaux ou des objets fragiles, comme dans une publicité pour les produits de beauté Sephora (vers 2005).

Nombre de publicités présentent des produits qui tendent à se transformer en femmes. Ce qui est vendu, c'est l'illusion du produit devenu femme, à moins que ça ne soit l'inverse. Tout objet peut se transformer en femme. Une affiche pour du vin montre un corps féminin dénudé (sans tête), voilé par une étoffe rouge qui « s'écoule » dans un verre et devient un cru de Bourgogne (vers 2005). On a vu, ailleurs, des images de « femme-marionnette à fils » pour Blackberry (2004), de « femme-filament d'ampoule » pour le Crédit Mutuel (2009) ou de « femme-lacet de chaussure » pour Max Shoes (2009).

Des femmes animales

La publicité assimile les femmes-publicité à des objets, mais aussi à des animaux. On peut observer que ce procédé rhétorique s'applique essentiellement aux femmes. Dans notre système de pensée, « naturaliser » un groupe de personnes revient à le rabaisser, car la culture est généralement jugée supérieure à la nature. La référence à l'animalité des femmes sert à renforcer les stéréotypes de genre en les présentant comme naturels : femmes menues et vulnérables, face à des hommes forts et protecteurs.

Les images publicitaires peuvent évoquer l'animalité par différents procédés visuels : soit mettre la femme dans une position d'animal, soit donner à un personnage animal des attributs féminins exacerbés. Pour vanter un parfum soi-disant « mythique » de Chanel (1992), une chanteuse célèbre est ainsi déguisée en oiseau, elle est attachée par une ficelle rouge qui lui enserre la cheville. Elle figure une créature en cage, une femme prisonnière, animal de prix, déshumanisée en somme. L'animalisation renvoie à l'idée de pulsion, d'instinct, de sauvagerie débridée. L'idée que ces créatures sont à dresser, à dompter comme les animaux est sous-jacente. Une publicité pour des jeans Wrangler (vers 2009) par l'agence Fred et Farid, dont le slogan était « nous sommes des animaux » (« we are animals ») montre notamment une femme immergée dans une eau sombre, jusqu'au visage, donnant l'impression d'un animal aquatique en train de guetter sa proie, en pleine nature. Une affiche pour les vêtements Lulu Castagnette (2002) montre le visage d'une femme en gros plan, dont le visage apparaît derrière un grillage, enfermée comme une bête, avec le slogan « recherchée pour pulsion animale ».

Dans un style plus humoristique, une publicité pour un scanner Epson (2000) fait un gros plan sur une mouche utilisée comme appât par un pêcheur à la ligne : de près, l'insecte ressemble à Betty Boop. L'animal humanisé permet de faire un détour pour représenter des personnages encore plus sexuels. C'est l'option choisie pour une campagne pour Orangina (à partir de 2008), par Fred et Farid, dont le principe consiste à décliner le stéréotype de la pin-up avec les animaux les plus inattendus : le kangourou, la pieuvre, la panthère noire, la jument, etc. Il faut noter qu'il existe un pendant masculin de ces images avec des personnages pourvus d'attributs virils (attitude d'affirmation, corps massif, etc.). D'autres images de la même campagne (2011) montrent un homme « réaliste » sur les genoux d'une pin-up géante qui a les traits d'une chèvre. Le personnage masculin semble hypnotisé par la poitrine de la créature.

Toujours pour la même marque, les publicitaires ont imaginé aussi des femmes-végétaux (un plant de lilas, un cactus, etc.) pourvus des attributs de la pin-up : seins rebondis, fesses rondes, jambes longilignes, ventre plat. La métaphore de la femme fleur, certes éculée, est aussi utilisée par Publicis pour Renault (vers 2005) : sur le siège arrière de la voiture, une femme en robe de soirée avec une marguerite à la place de la tête est assaillie par une horde d'admirateurs qui posent leurs mains sur les vitres extérieures.

Des publicités présentent des créatures hybrides, à l'intersection entre l'humain et la bête. C'est, par exemple, une publicité pour les vêtements de sport Adidas (2005) avec une mannequin noire, couchée dans la position du sphinx. Son corps extrêmement mince se termine par une ombre qui évoque une queue de serpent. Son visage inquiétant ressemble à celui d'un humanoïde. On peut inscrire dans cette catégorie les femmes-publicité dont les attributs féminins sont hypertrophiés jusqu'à devenir fantastiques: cils et jambes démesurés, bouche incroyablement gonflée, ou minceur délirante. Les personnages ne ressemblent plus à des humains mais à des caricatures grotesques de la féminité.

Pour exprimer le « mystère » de la féminité, les publicitaires se concentrent sur les attributs féminins les plus sexuels : une bouche pulpeuse, une paire de seins rebondis, une taille fine et des fesses charnues. Le visage des femmes-publicité importe peu, elles sont interchangeables. Les créatures du publisexisme sont des icônes de la féminité, une féminité caricaturale. Le mécanisme du « mystère féminin » est de mettre à distance la féminité pour en faire un spectacle qui fascine l'homme et éveille son désir. La créature féminine serait un mystère insondable, un être absolument étranger à l'homme, et non semblable à lui.

Le publisexisme se manifeste principalement au travers de l'exploitation de l'image des femmes. Leur corps est une métaphore de tout et n'importe quoi pour la publicité. Ce sont rarement des images qui évoquent des personnes à part entière. Le corps féminin est utilisé comme support pour véhiculer des messages et principalement des messages à caractère érotique. Le machisme publicitaire revient à représenter les femmes comme des objets et non comme des personnes.

L'image des femmes est une matière première qui sert à donner forme à des « rêves » préfabriqués. Dans les scénarios publicitaires, les images présentent des femmes réduites à des fonctions qui servent les intérêts masculins : être décorative, être offerte, être stupide (donc qui ne menacent pas l'hégémonie masculine), être une compagne serviable et une mère accomplie, être un objet exotique, et être un support aux fantasmes machistes. Le discours publicitaire répète sous de nouvelles formes l'obligation pour les femmes à se soumettre à ce que la société et les hommes attendent d'elles. Sous prétexte de fiction, les publicitaires transmettent les pires stéréotypes misogynes et machistes tout en leur donnant un vernis branché et « cool ». Ils réaffirment, par l'exemple, que le corps des femmes ne leur appartient pas : de fait, la publicité et ses clichés omniprésents façonnent, en grande partie, le regard sur le corps féminin, le regard des femmes sur leur propre corps et le regard des hommes sur elles.

CHAPITRE 3
LE PUBLISEXISME : D'AUTRES CLICHÉS SEXISTES

> « *La catégorie de sexe est une catégorie politique qui fonde la société en tant qu'hétérosexuelle.* » Monique Wittig [1]

Les publicitaires exploitent largement les images de la féminité et du corps féminin, pourtant ils ne se limitent pas à ces stéréotypes. La publicité s'appuie aussi sur des clichés qui participent au sexisme quand elle utilise des images de la virilité et du couple idéal. Enfin, quand elle met en scène des personnages « transgenres », qui troublent les modèles de la féminité et de la virilité, là encore elle véhicule des clichés.

Pour les publicitaires, les produits féminins et les produits masculins sont deux marchés distincts ; ils représentent le monde des femmes et celui des hommes comme deux univers qui s'opposent l'un à l'autre. Cela est particulièrement visible dans les campagnes qui déclinent un produit « pour femme » et un produit « pour homme ». Ainsi, dans la version homme du parfum Fuel for Life de Diesel (2010), le mannequin viril arborant une barbe de trois jours, habillé d'un pantalon et d'une chemise laissée ouverte, est accroupi sur un sol neutre, et nous regarde, sûr de lui. Son *alter-ego* féminin est, elle, assise sur un lit aux draps soyeux, en déshabillé et minaude la bouche ouverte. Les postures et les attitudes des deux personnages expriment, d'une part, une « mâle assurance » et de l'autre une coquetterie toute féminine.

De nombreuses campagnes jouent sur des images parallèles et mettent en évidence l'absence de symétrie entre les hommes-publicité et les femmes-publicité. Chacun a ses propres activités. Celles des hommes impliquent l'énergie et l'audace, alors que celles des femmes demandent de la délicatesse et de la grâce. La banque Société Générale (2011) a choisi d'illustrer le slogan « rien de plus beau que l'esprit d'équipe » par deux groupes différents : d'une part, des petites filles en tutu, bien sages et souriantes, en pleine leçon de danse classique, et d'autre part, des petits garçons sortant d'un match de rugby, tachés de boue de la tête aux pieds[2].

D'autres campagnes opposent les comportements « masculins » et ceux qui sont jugés féminins. Une annonce pour la banque Fortis (2007) présente ainsi les femmes comme timorées (parce qu'elles épargnent) et les hommes comme téméraires (parce qu'ils investissent). Une publicité pour la bouteille de gaz Butagaz (1985) s'adresse différemment aux femmes et aux hommes. Aux premières, elle présente l'argument de l'utilité ménagère (« la bouteille des bonnes recettes »), avec l'image d'une jeune femme en tablier de cuisine, en train de consulter un livre de recettes. Son air visiblement dépassée par la situation, suggère qu'elle manque de compétence. Aux hommes, la publicité parle d'inventivité technique (« la bouteille des bricoleurs ingénieux »), avec l'image d'un jeune homme, l'air triomphal, le pied sur la bouteille, posant comme un tireur d'élite avec un chalumeau à la main[3]. La débrouillardise mâtinée d'héroïsme est clairement affichée comme strictement masculine.

Une campagne de Noël pour le magasin de produits informatiques Surcouf (2008) offre le même type de caricatures. Le slogan « faites-lui plaisir » est décliné en deux affiches, chacune présentant un personnage recevant un cadeau qui n'est *a priori* pas approprié à son sexe. L'homme se retrouve avec une paire de chaussons de danse classique roses, l'air franchement déçu. La femme tient entre ses mains manucurées une tronçonneuse en affichant une mine hébétée. La publicité réaffirme que la danse, en particulier classique, ne peut pas être pratiquée par les hommes, et que les travaux techniques ne peuvent intéresser les femmes. Dans le monde patriarcal de la publicité, proposer ces activités au « mauvais genre » ne peut provoquer que déception (chez l'homme-publicité qui ne veut pas se « rabaisser » à une activité de fille) ou perplexité (chez la femme-publicité qui n'a visiblement pas la capacité d'appréhender l'outil qu'on lui a offert). Le site Internet du même magasin distingue les produits destinés à « l'homme » ou à « la femme », qui auraient donc des besoins différents. Le matériel informatique pour les hommes, robuste et fonctionnel, et celui pour les femmes, joli et simple, montre que le markéting a besoin de « donner un sexe » aux produits qu'il veut vendre.

L'HOMME-PUBLICITÉ

La majorité des personnages des publicités sont des femmes, mais les hommes sont loin d'être absents des affiches. De même que les femmes-publicité incarnent un modèle de féminité, les hommes-publicité incarnent le plus souvent un idéal de virilité. Cet idéal, comme l'idéal de la Beauté, a été construit socialement. Comme l'ont montré magistralement les auteurs du livre *Histoire de la virilité*[4], « on ne naît pas homme, on le devient » : la virilité n'est pas une qualité qui découle « naturellement » de la possession d'un pénis. L'idéal masculin moderne, né à la fin du XVIIIe siècle dans la bourgeoisie européenne, se caractérise par la puissance, l'honneur et le courage. Cet idéal constitue un tout, corps et âme, et imprègne toute la culture occidentale. Pour certains, comme l'historien George Mosse [5], il est même à la base de la société moderne, invoqué autant par les gardiens de l'ordre établi que par les révolutionnaires. Au XIXe siècle et pendant toute la première moitié du XXe siècle, l'exhortation à « être un homme » marque profondément la culture européenne. On peut voir les figures du guerrier et du héros, des symboles de la virilité, dans toute l'histoire de l'art, pictural ou littéraire, et dans la propagande politique. Au cours du XXe siècle, la virilité classique a subi des transformations, comme le montre l'ouvrage *La Virilité en crise* [6]? Le mythe de la virilité a été mis à mal, notamment, par les guerres modernes (depuis la Première Guerre mondiale) où les machines triomphent sur les soldats, également par le chômage de masse, qui dépossède les hommes de leur rôle de père nourricier. Les modèles de la virilité ont aussi été modifiés par les changements sociaux apportés par les droits acquis par les femmes et les homosexuel-le-s, et par la mixité accrue des espaces sociaux. Notons au passage que la nostalgie d'une puissance masculine archaïque qu'il faudrait défendre est un thème récurrent à toutes les époques.

Dès les débuts de la publicité moderne, un certain nombre de figures symbolisent l'idéal viril. Ce sont les personnages qui incarnent le pouvoir et l'autorité : les présidents de la République, les rois, les empereurs (Napoléon en tête) ou encore les militaires [7]. Les stéréotypes liés aux métiers donnent à voir des figures d'« experts », marqués par la compétence et le sérieux, tels le paysan robuste, le garçon de café, le marin (pour des conserves de poisson), le réparateur (pour un lave-linge), le chef cuisinier (pour vanter une cuisinière, des produits du « terroir », des surgelés, etc.) ou encore le médecin, détenteur d'un savoir scientifique. Parmi les autres figures masculines classiques citons celle du père de famille et du grand-père.

Dans les publicités contemporaines, les hommes-publicité se caractérisent d'abord par des attributs physiques précis qui correspondent au stéréotype de la virilité. Les principaux sont la haute stature, la musculature saillante (avec les fameuses « tablettes de chocolat » des abdominaux), la mâchoire carrée, les cheveux courts. Parmi les traits psychologiques, l'assurance (avec le visage fermé et le regard droit et impassible qui l'accompagnent) est le plus récurrent. L'attitude virile des hommes-publicité se manifeste par le fait qu'ils sont protecteurs, actifs, maîtres d'eux-mêmes, dominateurs, puissants (par l'argent ou le pouvoir).

Comme l'affirment les auteurs de l'*Histoire de la virilité*[8], les qualités viriles les plus archaïques se retrouvent aujourd'hui dans des domaines divers. La combativité est exaltée par la compétition sportive, la force physique est mise en valeur par la culture de la musculation, et la puissance sexuelle est mise en scène dans les images de l'industrie pornographique. Les profils du sportif et du superhéros sont récurrents dans la publicité. Les héros de la réclame d'autrefois, chevaliers, pirates et autres mousquetaires ont donc cédé la place au sportif. Ce dernier, depuis l'entre-deux-guerres, fait partie des « nouveaux hérauts des nations[9] ». Aujourd'hui, la personnalité emblématique est le footballeur Zinedine Zidane. On a pu le voir dans des publicités aussi diverses que pour du parfum (Eau Sauvage de Dior, 1998) ou des enseignes de supermarchés (Leader Price, 1999). Un spot publicitaire pour le parfum Only the brave de Diesel (2008) met en scène un homme musclé qui passe son temps à sprinter. Le slogan en rajoute : « une question d'affirmation de soi, de courage et de force » (des valeurs rarement associées à des personnages féminins). L'homme-publicité ressemble parfois à un guerrier fantastique ou à un cyborg. Ainsi, pour un parfum de Thierry Mugler (1996), un homme tout en muscles qui ressemble à un super-héros invincible (le Surfeur d'argent des *comics* américains) émerge de la mer en tenant le flacon.

Des séducteurs

Longtemps, la présence des hommes séducteurs a été seulement suggérée dans la publicité. En fait, ceux-ci étaient bien là, mais en filigrane : c'est à eux que s'offrent les femmes-publicité. Jusque dans les années 1950, l'homme viril est une figure assez peu montrée [10]. Plus qu'un faire-valoir, l'homme est le spectateur de l'étalage de la féminité : il joue l'arbitre de la compétition entre femmes. L'homme-publicité n'a donc pas besoin d'être entièrement représenté pour être évoqué, un signe suffit : son ombre portée sur le corps de la mannequin, un œil collé à un trou de serrure, un pied pointant au bas de la photo ou une main baladeuse qui s'avance pour toucher la femme dénudée, comme dans une photo pour Aubade (1980) [11].

Le modèle du séducteur compulsif était monnaie courante dans les années 1970 [12], au premier degré ou en contre-exemple : « être sûr d'être aimé pour soi-même... Vos succès vous les devrez à vous-même, à votre charme, à votre intelligence, à votre physique » dit une annonce pour la voiture Coccinelle de Volkswagen. D'autres slogans prônent l'adultère selon l'idée qu'un « vrai homme doit tromper sa femme ». Par exemple, dans une annonce pour *Télérama*, un personnage masculin avoue : « j'aime mieux ma télé depuis que je la trompe » (vers 1975).

L'homme-publicité est réduit à son désir supposé, à un regard de connaisseur, voire aux « pulsions » qui le gouverneraient. De nombreuses publicités représentent les hommes comme de véritables obsédés sexuels, qui perdent le contrôle d'eux-mêmes à la vue d'une femme en sous-vêtements. L'affiche d'un parfum de Paco Rabanne (vers 2007) montre ainsi un homme assis, l'air stupéfait, face à une femme sexy debout devant lui, cadrée des pieds au bassin, les jambes nues écartées. Le slogan suggère à l'homme-publicité (et donc au consommateur) d'arrêter de penser («stop thinking»), et donc de s'en remettre à un désir purement pulsionnel. Une annonce de presse de l'opérateur de téléphonie Bouygues Télécom (2000) met une poupée gonflable sur le plan d'une femme, assise à une table et présentée comme une fiancée («votre fiancée va en rester bouche bée» disait le texte publicitaire). La publicité présente la sexualité masculine comme primaire, brutale, compulsive, et unilatérale. Quelle que soit la situation, les personnages masculins ont l'air de ne penser qu'au sexe. Pour arriver à ses fins, l'homme-publicité se fait manipulateur: dans un spot pour Aspro Clear (1994), un homme manœuvre pour devancer le refus de sa partenaire d'avoir une relation sexuelle, en lui offrant un verre d'eau avec un cachet. Face à son étonnement, «mais, je n'ai pas mal à la tête» dit-elle, il rétorque «excellent» en souriant d'un air entendu.

Des hommes-objet?

On peut également voir de temps en temps sur des affiches (essentiellement pour des sous-vêtements ou des parfums) des corps d'hommes solitaires, nus ou à moitié nus et présentés comme des objets de désir. L'homme-objet serait-il un nouveau rôle imposé aux hommes? La nouveauté est déjà toute relative, puisqu'en 1975, des féministes remarquaient déjà l'apparition de corps masculins esthétisés dans les publicités[13]. Et les publicités pour des parfums utilisent des photos d'éphèbes plus ou moins bronzés depuis le début des années 1980 : Eau Sauvage de Dior (1982), Kouros d'Yves Saint-Laurent (1985), M7 d'Yves Saint-Laurent (vers 1990), puis Lacoste. Les codes utilisés sont souvent empruntés aux stéréotypes de la culture gay : de jeunes hommes au corps lisse et viril[14].

La plupart du temps, la nudité masculine n'a pas le même sens que la nudité féminine, dans la publicité. La première manifeste l'assurance d'un homme souverain et maître de lui-même. La seconde est une façon de s'offrir à la consommation sexuelle. Si l'homme nu est le plus souvent jeune et beau comme une statue grecque, il est d'abord un homme puissant, solide, et dominateur. L'homme-publicité est surtout montré entier, en pied, dans des poses actives et dynamiques. Son corps est rarement morcelé en différentes parties.

Souvent, il a le visage de personnalités connues (surtout des sportifs), comme Yannick Noah pour les caleçons Sloggi (2005). La marque de matelas Simmons (2009) met en scène la star du rugby Christophe Dominici, dénudé, cadré jusqu'à la taille, de profil, nous lançant une œillade par en dessous. Le slogan qui le compare avec le produit (« Christophe a beau être doux et ferme, il est loin d'être aussi réconfortant qu'un matelas ») le pose clairement comme un homme-objet. Malgré cela, en tant qu'homme-objet, il garde toutes ses caractéristiques viriles.

Il est rare que le corps masculin soit transformé en chose comme l'est le corps des femmes. Certes, on peut voir une annonce pour un cosmétique Vichy avec un visage d'homme marqué par la mention « cuir véritable » (vers 2008), une autre avec une femme qui malmène un homme (Dolce & Gabbana, vers 2005), ou encore un homme-publicité « découpé en morceaux » dont on ne voit que les fesses fendues par un string pour les sous-vêtements Hom (2006). Malgré tout, ces images restent des exceptions.

Dans notre société, montrer un homme nu n'a ni la même signification, ni le même impact que montrer une femme « objet ». Et quand bien même les hommes-publicité deviendraient à leur tour systématiquement des objets sexuels, cela ne constituerait en rien une avancée. Rappelons que l'ambition du féminisme n'est pas d'inverser le système de domination, mais bien de le renverser pour obtenir une égalité entre hommes et femmes, et non l'humiliation des hommes.

Étranger aux tâches ménagères

Un personnage masculin dans une publicité pour des produits ménagers ou alimentaires est rare, et son apparition se fait en général sur un mode décalé ou d'expertise technique. La publicité ne prend que peu de risques dans ce domaine, comme dans les autres : dans la réalité, la progression de la part des tâches ménagères effectuées par les hommes est toujours timide. Et si les médias annoncent régulièrement l'arrivée d'une génération de « nouveaux pères », changer les couches ou aller chercher les enfants à l'école ne sont pas encore devenues des activités paritaires.

Comme le remarque le sociologue Éric Macé qui a étudié les pères dans la publicité, « la présence de l'homme dans les affaires domestiques n'est jamais vraiment naturelle[15] ». Ainsi que le précise le chercheur, « quand il prépare le repas, l'homme, contrairement à la femme, a toujours un tablier pour souligner que ce n'est pas son quotidien ». Concernant les tâches ménagères, le personnage masculin peut être ridiculisé. C'est le cas d'une campagne pour LG Électroménager (2005) montrant un homme rangeant un chou-fleur dans un frigo ou mettant du linge dans la machine avec le slogan « même sans tes muscles tu peux y arriver ! » ou « homme comprendre – linge sale – machine [16] ». Le mâle semble remis en cause dans sa position dominante, mais en fait ne pas savoir mener à bien des tâches subalternes ne peut pas vraiment lui porter préjudice. Quand l'homme-publicité décide d'aider sa compagne dans les tâches ménagères, il ne met pas lui-même la main à la pâte mais il a recours à la technologie en lui offrant un appareil électroménager. En 1973, l'argument choc de la marque Vedette pour vendre un lave-vaisselle était « la vaisselle est une affaire d'homme ». Ainsi fonctionne le mécanisme du produit compensateur de la frustration : « tu en as marre de faire la vaisselle ? J'achète une machine ! » dit l'homme à sa femme, ou bien « tu es enceinte ? J'achète une voiture familiale [17] ! » Cette ficelle permet aux publicitaires de surfer à loisir sur l'engouement masculin pour la technologie, sur la « relation passionnelle entre l'homme et la machine [18] ».

Si l'homme-publicité prend en charge une tâche ménagère et la mène à bien, il aura réalisé un exploit, le plus souvent à l'aide d'un produit ou d'un ustensile du « dernier cri ». Il se verra alors conforté dans son rôle de connaisseur. Il peut même incarner le défi technologique, le personnifier : il endosse alors le personnage d'un expert « magique », tel Monsieur Propre, personnage publicitaire viril, emblème d'une marque de détergents.

Dans les domaines de la lessive, du ménage, des repas quotidiens, mais aussi dans tout ce qui concerne « l'élevage » des enfantsle père est présenté comme non compétent. Mieux encore, « s'il va chercher les enfants à l'école, cela devient un film d'action où un cadre accaparé par son travail réussit *in extremis* à se libérer quelques instants[19]». On constate encore une fois une absence de symétrie entre les représentations de la paternité et celles de la maternité. La paternité, quand elle apparaît dans la publicité semble être quelque chose d'incongru pour l'homme.

La virilité peut se concentrer dans un produit, ce qui aura pour effet d'accroître sa valeur, de lui conférer une dimension élitiste. C'est par exemple un chocolat noir ultra-amer de Stollwerck-Sarotti (vers 2005) qui serait «réservé aux messieurs». Une série d'affiches pour une barre glacée Magnum (2000) affirme «elle fera de vous un homme» (en s'adressant implicitement à une femme) : sur l'une des affiches, on voit la photo du bassin d'une femme en bikini, la barre chocolatée glissée dans son slip dépassant du maillot. Sur une autre, on voit le visage d'une femme en train de manger la glace et affublée d'une moustache postiche, avec la mention «pour homme». La situation inverse est beaucoup plus rarement représentée, et dans ce cas le caractère exceptionnel de la convoitise masculine est souligné, comme dans un slogan pour Peugeot: «C'est la première fois que les hommes sont fous de la voiture de leur femme» (1994).

La publicité participe à enfermer aussi les hommes dans un schéma restrictif. Elle montre que, dans la société contemporaine, les modèles de virilité existent toujours. Elle exhorte les consommateurs à se conformer à une image qui implique, la plupart du temps, d'écarter la sensibilité, la vulnérabilité, la fragilité. La virilité en passe par la capacité à conquérir et à posséder les femmes, et par l'affirmation d'une sexualité pulsionnelle dont les hommes-publicité ne seraient pas responsables: ce sont les femmes-publicité qui déclenchent le désir masculin.

LE COUPLE IDÉAL

Dans notre société, le couple hétérosexuel représente l'aboutissement de la séduction, la concrétisation de l'amour, le symbole du bonheur et la promesse d'une famille. Le modèle du rapport amoureux reste empreint des caractéristiques de l'amour courtois: l'homme doit conquérir la femme en lui faisant la cour, elle restant, de son côté, plutôt passive. Le modèle hétérosexuel met les femmes dans la position valorisante d'être désirées, courtisées, avec la perspective de trouver le prince charmant.

L'image du couple dans la publicité sert à symboliser l'amour, le bonheur, la réussite, et de plus en plus le désir et la jouissance sexuelle. Le couple est présenté comme une union fragile dont la durée de vie dépendrait de la consommation: il faudrait entretenir le désir à grand renfort de produits, en particulier de lingerie, portée par « madame », et de bijoux offerts par « monsieur ».

Lorsqu'un couple est mis en scène dans la publicité, c'est pratiquement toujours suivant le modèle d'une relation amoureuse traditionnelle, c'est-à-dire où l'homme et la femme occupent une relation inégalitaire. Comme le montre une étude québécoise sur les modèles de relations entre hommes et femmes dans les publicités des magazines féminins, inspirée des travaux du sociologue Erving Goffman, on peut voir la relation de domination grâce à la posture du corps des mannequins[20]. Déjà, l'homme représenté est dans la majorité des cas plus grand que la femme : dans neuf cas sur dix, les femmes-publicité sont plus petites que leur compagnon. Cette différence de taille quasi systématique va aussi de pair avec une position subordonnée à l'homme. La femme montre qu'elle accepte sa position de subordination par un sourire, par la tête et le corps penchés ou par une position assise ou couchée. L'homme-publicité adopte plutôt des attitudes protectrices. L'étude québécoise conclue que le modèle « traditionnel » de subordination féminine dans le couple est plus présent qu'il y a dix ans. Les images de modèle « inversé » (où l'homme apparaît subordonné à sa partenaire) proposent souvent une situation ambiguë, dans laquelle la femme materne l'homme, ou bien exprime un désir sexuel jugé excessif (selon le stéréotype de la nymphomane), quand ce n'est pas une forme de domination grotesque dont le caractère exceptionnel saute aux yeux[21]. Dans la catégorie « maternage », citons une affiche pour une mousse à raser « peau sensible » de Williams (2011), qui montre un homme d'allure virile, rasé de près, qui met sa joue, yeux fermés, contre les seins d'une femme dont on ne voit que le soutien-gorge pigeonnant. On a ici l'image du « repos du guerrier ». Selon l'étude québécoise citée précédemment, les représentations de couples égalitaires dans la publicité sont très peu nombreuses et ont même diminué ces dernières années.

Même lorsque les publicités prétendent mettre en scène de « vraies personnes », c'est selon les schémas classiques du couple. C'est le cas d'affiches de la marque de vêtements The Kooples, qui présentent des portraits de couples authentiques (hétérosexuels, mais aussi dans une moindre mesure homosexuels) avec la mention des prénoms des personnes et la « durée de vie » du couple. Là aussi, les hommes sont généralement plus grands que leur partenaire.

Le couple est particulièrement mis en scène dans les campagnes annuelles de la Saint-Valentin, qui incitent les hommes à offrir des cadeaux à leurs copines et les femmes à acheter des sous-vêtements pour « s'offrir » à leurs copains. Les publicités mettent alors en scène les cadeaux, et les femmes qui s'offrent elles-mêmes dans un emballage. Le reste de l'année aussi il faut que les femmes « soient belles », et ceci « pour leur mari ». Selon C&A et Palmolive, chaque femme devrait se poser une question, chaque matin devant sa glace: « Mon mari m'épouserait-il encore ? » (2007).

La séduction des personnes de l'autre sexe est une préoccupation majeure et permanente des personnages publicitaires. Pour la femme-publicité, il s'agit de trouver son prince charmant, « l'homme de sa vie », son « mec ». L'homme-publicité, lui, « tombe » des femmes sur le modèle du Don Juan qui multiplie les conquêtes. De nombreux produits sont présentés comme des baguettes magiques ou des aphrodisiaques potentiels, qui rendent l'homme ou la femme qui les possède totalement irrésistible sexuellement. Un shampoing Head&Shoulders (vers 2000), par exemple, va permettre à la femme-publicité de « rencontrer le compagnon idéal ». La puissance sexuelle de l'homme-publicité est telle qu'il suffit qu'il paraisse muni du produit-symbole de sa virilité, pour que les femmes se jettent sur lui : qu'il soit parfumé comme il se doit (Égoïste, Chanel, 1990), au volant d'une voiture (Audi, vers 1993, le slogan « il a la voiture, il aura la femme »), ou même qu'il mange simplement des chips (Doritos, 2004).

Le mythe d'une séduction « naturelle » et d'une attirance spontanée entre l'homme et la femme est remplacé par des produits jouant le rôle d'entremetteurs nécessaires.

La publicité s'appuie aussi régulièrement sur le symbole du mariage, une image classique de la réussite amoureuse. Toutes les séquences types sont utilisées par les publicitaires : le passage devant le maire ou le curé, l'épisode des alliances, le moment du baiser, celui des photos. La pièce montée avec les figurines des mariés figure la stabilité du couple, dans une publicité montrant le pouvoir séducteur d'un déodorant Axe (2002) ou l'efficacité d'un produit de régime Slim Fast (2007) pour la mariée. Si les campagnes jouent sur un décalage humoristique ou brutal, le mariage reste « le plus beau jour de notre vie » (pour les femmes-publicité) assombri par des désagréments plus ou moins grands.

Dans le discours du publisexisme, le produit crée le couple, et le couple se retrouve à être lui-même un produit. L'homme et la femme sont des objets interchangeables qui sont eux-mêmes des objets l'un pour l'autre. Comme le souligne François Brune, cela implique que l'autre est fondamentalement « objet de plaisir » : « On le désire, on le consomme immédiatement, au mieux on consomme avec lui. » L'autre est aussi objet fantasmé : l'homme est pour ainsi dire une « virilité fantasmée » et la femme est une « féminité fantasmée ». Dans cette vision mécanique du rapport amoureux, l'homme-machine et la femme-objet sont faits pour « fonctionner » ensemble de manière très prévisible : « Il n'y a surtout pas de question à se poser. Les pièces coulissent, l'usine tourne[22]. »

DES GENRES NON CONFORMES

La publicité, comme la plupart des productions de la culture de masse, décrit en grande majorité des désirs et des sentiments hétérosexuels. Lorsqu'elle met en scène des personnages « différents », qui franchissent la barrière du genre censée séparer hermétiquement le groupe des hommes du groupe des femmes, c'est souvent pour figurer une perturbation des repères, qu'il s'agisse d'une tromperie ou d'un trouble. La publicité nous répète qu'un homme « doit » être viril et donc désirer les femmes, et que les femmes sont « faites pour » être désirées par les hommes et donc pour désirer être désirées par eux. On le voit, l'hétérosexualité fait partie de l'identité féminine comme de l'identité masculine. Elle est présentée la plupart du temps comme la seule sexualité légitime, et justifie par avance, idéologiquement, les stigmatisations et les discriminations des homosexuel-le-s[23]. C'est ce que l'on nomme l'hétérosexisme.

L'homophobie est une expression de l'hétérosexisme, elle est constitutive de notre société patriarcale. Elle se nourrit d'un certain nombre de croyances, parmi lesquelles l'idée qu'il est possible d'identifier au premier coup d'œil une personne gay, lesbienne ou transgenre. À partir de ce principe, l'homophobie véhicule des stéréotypes précis : celui de la « tante » ou la « pédale », c'est-à-dire l'homme homosexuel efféminé et ridicule, stigmatisé comme tel depuis le XVIIIe siècle pour sa « douceur et sa délicatesse coupable[24] » et parce qu'il transgresse la frontière du genre en passant du statut de dominant (virilité) à celui de dominé (féminité) : pour l'homophobe, l'homosexualité signifie que l'homme se retrouve à la place de la femme, en position de faiblesse, voire de proie.

Il y a aussi le stéréotype de la lesbienne comme femme masculine qui a une haine des hommes. La lesbophobie repose surtout sur la négation de l'existence des lesbiennes, et sur l'idée que la sexualité entre femmes n'est pas une sexualité à part entière. Le rejet des personnes transgenres (la transphobie) est, elle, fondée sur la figure du monstre et sur la peur d'être trompé, en particulier par les femmes transgenres (qui sont nées hommes). La transphobie signifie, surtout pour les hommes, avoir peur de désirer une femme qui se révèle être transsexuelle, ce qui serait se révéler soi-même homosexuel (si on refuse de considérer cette personne comme une femme).

La publicité relaie fidèlement tous ces clichés. On peut distinguer trois grandes périodes dans le discours publicitaire et les représentations des « minorités sexuelles », différentes mais toujours largement homophobes[25]. Jusque dans les années 1950, l'homosexualité est niée, cachée. Elle n'est utilisée que rarement par la publicité, et jamais explicitement. En ce sens, elle participe à la culture occidentale chrétienne qui a entrepris de censurer systématiquement, depuis le XVIIIe siècle, le désir homosexuel des œuvres anciennes et même modernes. Les références aux relations homosexuelles sont faites sous la forme d'euphémismes ou de parodies[26]. Des années 1960 à 1990, la publicité caricature l'homosexualité et les personnes transgenres. Les années 1990 voient naître deux « nouveautés » : d'une part les homosexuel-le-s, et surtout les gays, deviennent une cible markéting, de par leur pouvoir d'achat supposé supérieur. D'autre part, l'homosexualité, surtout féminine, est transformée en spectacle. Les effets recherchés par les publicitaires sont donc différents s'ils utilisent des personnages gays, lesbiens ou transgenres[27].

Dans les publicités, les personnages gays sont utilisés comme ficelle comique, qu'ils soient efféminés (figure de la « folle », de la drag queen) ou ultra virils (figure du « gay cuir »)[28]. Un spot pour un déodorant Axe présente une scène dans un ascenseur où se tient un jeune homme « propre sur lui » et parfumé avec le produit. Entre une jeune femme sexy qui le dévore du regard. Les portes de l'ascenseur se ferment, puis se rouvrent et la femme sort. Leur tenue mal rajustée suggère clairement un acte sexuel aussi bref que passionné. Entre alors dans l'ascenseur un homme « gay cuir » qui dévore des yeux lui aussi le jeune homme, lequel se décompose. L'idée qu'il désire l'autre homme qui en est totalement effrayé, et le sous-entendu de viol, sont censés être drôles. D'autres pubs télévisées sont construites avec une chute finale qui repose sur la découverte que l'homme est homosexuel.

Les personnages de lesbiennes sont, elles, plus souvent utilisées à des fins d'érotisation, conformément au fantasme masculin voyeuriste consistant à regarder deux femmes faire l'amour. Les lesbiennes de la publicité sont parfois androgynes ou masculines, pour obtenir un effet de « décalage », mais elles sont le plus souvent hyper-féminines et érotisées [29]. Conformes à toutes les normes féminines en vigueur, ces femmes-objets sexuels sont mises en scène en vue de créer un effet sulfureux pour le plaisir des hommes. La vague publicitaire pour des marques de luxe, dite « porno chic » (de 1998 à 2000), montre des duos de femmes à la féminité exacerbée et sophistiquée, dans des contacts intimes, érotiques, mais laissant un angle de vue au spectateur sur leur poitrine, leurs fesses ou leur bouche entrouverte. De façon générale, dans ces publicités, elles ne sont pas là l'une pour l'autre, comme peuvent l'être les couples d'hommes représentés : elles s'exhibent pour le regard masculin [30]. Ce modèle a été décliné à de multiples reprises, notamment pour des marques de vêtements (Diesel, Calvin Klein, D&G, Dior, Versace) et de sodas : par exemple une campagne pour Schweppes (2011) qui présente deux visages féminins très maquillés sur le point de s'embrasser. Outre une « hyper-ritualisation » (le fait de surjouer) de la féminité, on retrouve donc une référence à une esthétisation du genre pornographique [31].

Il faut cependant souligner une évolution récente du traitement des personnages homosexuel-le-s dans la publicité depuis les années 1990, où ils sont apparus plus régulièrement. Certaines publicités mettent en scène des personnages gays ou lesbiens sans rechercher un effet comique ou du voyeurisme. Ainsi une publicité télévisée pour la chaîne de *fast-food* Mc Donald's (2010) suggère la situation où un ado gay est sur le point de faire son *coming out* à son père. Avant que la révélation n'ait eu lieu, le slogan («venir comme vous êtes») et l'apparition du logo de la marque «coupent» l'effet dramatique.

L'image de l'androgyne, homme féminin ou femme masculine, est aussi présente dans les publicités, de manière sporadique. Cette figure, menaçante au XIXe siècle, a été récupérée par les mouvements contestataires des années 1970 (femmes sans artifices et hommes aux cheveux longs). Elle a abouti à une érotisation du stéréotype masculin. Dans la publicité, cette figure de l'androgyne, femme ou homme, est régulièrement utilisée pour induire le trouble de la séduction et l'idée sulfureuse de la bisexualité [32]. Un nouveau cliché sexuel s'est construit. Le jeu sur le travestissement d'hommes habillés en femmes ou de femmes habillées en hommes peut être une figure érotisée, par exemple dans une publicité pour l'alcoolier Campari (2005). L'androgyne est davantage accepté quand il s'agit d'une femme (à l'allure assurée et ambiguë), et beaucoup moins quand il s'agit d'un homme: son statut viril s'en trouverait sans doute menacé.

Les stéréotypes sur les personnes transsexuelles (ou transgenres) servent aussi d'arguments publicitaires. Un spot télé pour l'opérateur téléphonique Bouygues Télécom (2000) montrait un mariage classique, puis la mariée qui urinait debout, accompagnée du slogan «réfléchissez avant de vous engager». Le ressort comique repose sur le piège dans lequel l'homme est pris: celle qu'il a prise pour une femme n'en serait pas vraiment une, puisqu'elle est représentée par un travesti. Un autre spot, pour une voiture Opel (2006), ridiculisait une femme transsexuelle qui demandait à son médecin de revenir sur l'opération qu'elle venait de subir. L'idée que la personne transsexuelle change d'avis comme de chemise est une caricature plutôt offensante quand on sait quel parcours de la (du) combattant-e cela représente, en réalité, pour changer de sexe.

De l'androgyne, être fascinant, au « travesti », personnification du piège sexuel, la publicité instrumentalise ces identités sans montrer une personne ordinaire, évoluant dans son quotidien.

Dans les représentations du couple et de l'homme qu'elle propose, la publicité affirme le devoir pour chaque sexe de se distinguer absolument de l'autre, selon les schémas traditionnels. Les femmes sont présentées comme dépendantes des hommes et tout entières tournées vers la rencontre amoureuse. Dans le monde publicitaire, les relations entre hommes et femmes sont régies par les lois de la séduction-domination, et l'amour et le désir sont assujettis à la consommation. Il faut donc noter un certain changement du côté des modèles de sexualité féminine, qui tient aussi à prendre l'autre comme un objet, avec la promesse non pas de produire des images de rapports égalitaires, mais au contraire avec le risque de multiplier des images de rapports de domination accrus entre les sexes.

Les personnages homosexuels ou transgenres sont utilisés comme des images d'entorse à la règle, de « trouble » par rapport à la norme. Et si l'on voit apparaître (timidement) des images plus respectueuses des couples homos (plus rarement lesbiens), c'est bien sûr parce que les consommateurs et consommatrices non hétéros sont perçus comme des cibles markéting intéressantes.

CHAPITRE IV
LES EFFETS DU PUBLISEXISME

> *« La publicité vend bien plus qu'uniquement des produits. Elle vend des valeurs, des images, des concepts d'amour, de sexualité, de romantisme, de réussite et surtout de normalité. La publicité nous dit qui nous sommes et ce que nous devrions être. »*
> Jean Kilbourne[1]

Les images publicitaires ne sont pas neutres et anodines, elles tiennent un discours sur ce que veut dire être un homme et être une femme. En susbtance, elles disent que cela consiste à jouer deux rôles distincts et hiérarchisés.

Les clichés que véhicule le publisexisme rejoignent en effet des fondements de notre culture : les femmes doivent être belles et travailler à être désirées par les hommes. Elles seraient porteuses d'une fascinante essence féminine, et d'exotisme quand elles sont noires ou orientales. Vulnérables et immatures, elles auraient un destin tout tracé : devenir mères et assumer leur rôle de ménagère en prenant en charge la famille. Par ailleurs, les hommes devraient se distinguer des femmes, se montrer supérieurs à elles, y compris dans les relations érotiques. De plus, le publisexisme renforce l'idée selon laquelle les différences et les inégalités entre les sexes et entre les sexualités seraient « naturelles ».

Les effets culturels de la publicité sexiste ne sont pas mécaniques. Telle campagne publicitaire qui présente une femme comme un objet à prendre ne déclenchera pas automatiquement un comportement d'abus sexuel chez le passant vis-à-vis de sa partenaire, par exemple. Il faut penser cette campagne à l'intérieur d'un système d'images. Et une telle campagne amplifie les discours sexistes des autres campagnes que nous voyons à longueur d'année. L'idée qu'une femme séduisante s'offre à l'homme qui doit la « posséder» peut s'imposer à nous dans certaines circonstances. Même si nous avons l'illusion qu'il n'a pas d'effets sur nous, le publisexisme contribue en fait à un environnement mental qui pénètre nos esprits. Il martèle une vision sexiste du monde, tout comme les médias ou la littérature[2]. Cette vision finit par apparaître non plus comme une opinion mais comme une «vérité». Car le mécanisme de la croyance est d'autant plus puissant quand il n'y a plus de recul possible et que ce qu'il faut croire est répété inlassablement. La propagande fonctionne ainsi : une idée ou une doctrine est répétée jusqu'à ce qu'elle soit intégrée par le public[3].

Le publisexisme renforce la «culture sexiste», que l'on pourrait définir comme l'ensemble des idées (doctrines, théories, conceptions savantes et populaires...) et des messages visuels qui sont à l'œuvre dans les relations sexistes et qui prétendent (éventuellement) les expliquer et les légitimer. Il a comme premier effet de nier l'oppression sociale des hommes sur les femmes.

Une idéologie, c'est-à-dire un système de pensée, est problématique lorsqu'elle est dominante et qu'elle permet de maintenir et de répandre des pratiques sociales de domination. Ce qui est le cas de l'idéologie sexiste, qui justifie et rend possible un système social fondé sur la domination des hommes sur les femmes, sur les enfants et sur les personnes jugées féminines (les homosexuels et les transsexuels), un système nommé le patriarcat.

Le publisexisme nous donne un mode d'emploi de la féminité, de la virilité, des rapports entre hommes et femmes, de la vie amoureuse et érotique. Et ce mode d'emploi a des conséquences sur comment nous définissons notre identité, notre rapport au corps, nos choix affectifs et sexuels. Il a pour effet de modeler nos désirs à tous les niveaux de notre vie, ainsi que nos relations avec les autres, hommes et femmes. Il façonne notre regard sur les violences. Comme le souligne l'écrivaine féministe spécialiste de la publicité, Jean Kilbourne, la publicité est un des agents de socialisation les plus puissants : pour les jeunes générations, elle est un cadre de référence et un modèle auquel elles sont très perméables. Penchons nous en premier lieu sur un effet matériel du publisexisme qui est de nous pousser à consommer pour mieux jouer les rôles de la féminité et de la virilité.

LA DICTATURE DE L'APPARENCE

Le publisexisme a pour effet majeur de nous pousser au consumérisme en nous persuadant d'acheter des biens et des produits qui nous aident à acquérir la féminité et la virilité, et les valeurs qui les accompagnent (beauté et jeunesse, ou force et puissance). Il affirme l'obligation pour les consommateur-trice-s de se conformer à leur genre et de tout mettre en œuvre pour être séduisant-e-s.

Les images publicitaires renforcent la croyance que le corps est un objet qu'il faut transformer et rendre conforme. Et pour être conforme aux canons actuels, il faut être mince, avoir l'air sportif et « en forme ». Cette focalisation extrême sur le corps fait de celui-ci un objet extérieur à soi et qui reflète en même temps notre identité, « une marchandise que l'on doit “vendre” à ceux qui sont en mesure de l'“acheter” et de la “consommer” : employeur, conjoint ou concubin, entourage familial et professionnel, amis et relations[4] ». L'idéologie de l'apparence veut que la Beauté s'obtienne au prix de la volonté, de sacrifices, d'efforts et d'achats, sous peine d'exclusion de la compétition sociale. Car la Beauté est devenue ce qui détermine « la valeur sociale de l'individu[5] ».

Le marché de l'apparence repose sur un principe : notre corps imparfait doit être « amélioré ». La quête d'une certaine perfection physique apparaît comme un but dans la vie. On consomme pour augmenter son pouvoir de séduction, devenir conforme ou « présentable », échapper à la vieillesse, remédier à un complexe physique ; et finalement pour avoir l'air plus féminine ou plus masculin. Au Brésil, une expression populaire dit bien à quel point la Beauté est une question de pouvoir d'achat : « Il n'existe pas de femmes laides, il n'y a que des femmes pauvres. »

Les hommes et les femmes réels ne sont pas égaux face à ces injonctions à faire de leur corps un objet. Pour les femmes, la Beauté physique est censée être une condition pour être reconnues en tant que telles, et accéder à la réussite personnelle, sentimentale, conjugale et professionnelle. Tributaires du regard masculin, juge de la conformité aux canons de la Beauté, les femmes sont en position inférieure. Traditionnellement, « leur beauté est faite pour réjouir l'homme ou, mieux encore, le servir[6] ». Les critères de Beauté actuels sont beaucoup plus nombreux mais, toujours, ils passent par une soumission au désir masculin. C'est le regard masculin qui est censé donner leur valeur aux femmes. Comme le précise John Berger, « les hommes regardent les femmes. Les femmes se regardent être regardées[7] ». Ce regard est celui que relaie toute la société, y compris les femmes sur elles-mêmes, car « le regard a été colonisé par le voyeurisme mâle et marchand[8] ». Les images de la publicité représentent une forme de rappel constant de ce regard social qui pèse sur les femmes. Gagner sa place dans la société *via* le regard des hommes, c'est aussi entrer dans une logique de compétition avec les autres femmes. Cela se traduit par des jugements comparatifs permanents, verbalisés ou non (du type « suis-je moins bien ou mieux qu'elle ? »).

Le marché de la Beauté

La publicité émane en grande partie de l'industrie de la Beauté. Toutes deux sont liées historiquement. Dans la première moitié du XIXe siècle, la diffusion à grande échelle des produits dits d'« embellissement » s'accroît, soutenue par le développement des « périodiques de mode » (les ancêtres des journaux féminins). La réclame a ainsi contribué à diffuser la culture bourgeoise de l'apparence dans toutes les classes sociales. C'est ainsi qu'au début du XXe siècle, « le peuple commence à manifester ses aspirations vers cette esthétique corporelle dont il se souciait peu jadis », rapporte l'historien Georges Vigarello[9]. La beauté qui était autrefois une caractéristique de figures lointaines quasi sacrées (les déesses, la Vierge, les nobles dames) est devenue une préoccupation de toute la population. Aujourd'hui, l'obligation de Beauté traverse toutes les classes et l'industrie de la Beauté est devenue un secteur extrêmement lucratif.

Elle englobe un nombre impressionnant de produits et de services esthétiques auxquels les femmes (et, dans une moindre mesure, les hommes) ont recours. Ces objets de consommation sont présentés parfois comme des objets quasi-magiques, capables de nous donner l'apparence d'une « vraie » femme ou l'allure d'un « vrai » homme. Ce marché comprend les produits capillaires, la parfumerie, les produits de toilette, les cosmétiques. Les ventes mondiales de cosmétiques représentaient 16,3 milliards d'euros de chiffre d'affaires en 2007[10]. En France, la dépense moyenne annuelle de produits cosmétiques par personne constitue un record mondial[11]. Soulignons aussi que certains de ces produits ne sont pas dénués de risques pour la santé[12].

Le marché de la Beauté, c'est bien sûr également les soins esthétiques en institut de beauté : l'épilation (aisselles, jambes, bras, visage, pubis, etc.), la manucure, le maquillage dit « permanent », les soins « rajeunissants », « raffermissants », « dynamisants », etc. En moins de vingt ans, les dépenses des ménages français en soins de beauté et en entretien corporel ont plus que doublé pour atteindre 1,6 milliards d'euros en 2006[13]. Et depuis dix ans, ces dépenses n'ont cessé d'augmenter[14].

Il faut considérer que le secteur de la mode fait aussi partie du marché de l'apparence. Il est très étendu puisqu'il comprend les vêtements, la maroquinerie, les chaussures, les lunettes, la lingerie, etc. La mode prêt-à-porter pour les femmes représentait, en 2008, 5,6 milliards d'euros de chiffre d'affaire en France[15]. Et la lingerie française, 2,7 milliards de chiffre d'affaires en 2010[16]. Dans ce dernier secteur, la France est le marché le plus important d'Europe. Ajoutons à cela qu'avec le phénomène de la segmentation des marchés, le markéting de la mode et de la beauté cible les jeunes filles de plus en plus jeunes. Ces dernières constituent à la fois une cible en soi (elles sont elles-mêmes consommatrices et influencent les achats de la famille) et une cible à « formater » (ce sont de futures consommatrices).

Le marché de l'amaigrissement est particulièrement lucratif. Et on comprend pourquoi : il fleurit sur ses propres échecs. Il englobe un ensemble très divers de produits (manuels de régimes, substituts de repas, produits allégés, gaines amincissantes, etc.), de services (conseils diététiques, massages, cures, etc.), de moyens (gymnastique amincissante, chirurgie amaigrissante comme la gastroplastie, etc.). Aux États-Unis, ce marché était estimé à plus de 62 milliards de dollars en 2008. Et on prévoit que le marché mondial de l'amaigrissement devrait atteindre 624 milliards de dollars en 2014[17].

Pour maigrir, de nombreuses personnes consomment également des médicaments qui peuvent être très dangereux. Les pilules qui limitent l'absorption de graisse par l'intestin ou celles qui sont utilisées comme coupe-faim peuvent avoir des effets secondaires désastreux. C'est le cas du Médiator, en France. Ce médicament destiné à l'origine à soigner le diabète a été prescrit à un grand nombre de patients pour leur faire perdre du poids, jusqu'en 2009, date de son interdiction. Il aurait provoqué la mort de 500 à 2 000 personnes[18]. Comme le montre ce scandale, aux yeux de certains laboratoires pharmaceutiques, le profit généré par le marché de l'amaigrissement passe avant la santé de la population.

L'industrie de la Beauté, c'est aussi le marché de tous les produits qui disent lutter contre le vieillissement. Les interventions de médecine esthétique[19] se développent, et principalement les injections de produits sous la peau du visage (qui doivent être renouvelées régulièrement), comme le collagène, l'acide hyaluronique[20] ou le Botox. Ce dernier, mis sur le marché en France en 2003, représentait plus de 20 % des interventions esthétiques en 2008[21].

La chirurgie esthétique est vendue comme un simple prolongement des crèmes de beauté[22]. Les opérations les plus pratiquées sont la liposuccion, l'augmentation mammaire, la chirurgie des paupières, la rhinoplastie (le nez) et le lifting. En 2004, dans 25 pays dans le monde, la liposuccion arrivait en tête des interventions suivie de l'opération pour augmenter le volume des seins [23]. Le nombre total d'opérations de ce type de chirurgie serait estimé à huit millions et demi par an dans le monde [24]. Et les personnes qui y ont recours sont principalement des femmes.

Il faut ajouter à tout cela le marché des produits qui blanchissent la peau. Ces derniers font partie du markéting ethnique, né aux États-Unis dans les années 1960, et aujourd'hui mis en œuvre par des marques internationales de cosmétiques avides de conquérir des parts de marché. Ces produits vendus aux États-Unis (ou en Europe) pour les personnes noires, mais aussi en Asie et en Afrique, peuvent contenir des produits très nocifs pour la santé. En Asie (Inde, Chine, Japon, Corée du Sud), les crèmes blanchissantes représentent jusqu'à 60% des ventes de cosmétiques [25]. La blancheur comme critère de Beauté date d'une époque ancienne, mais elle est surtout ancrée dans la culture raciste : la survalorisation de la peau claire dans les pays asiatiques, africains et latino-américains n'est-elle pas liée à une culture coloniale intégrée qui considère les Européens comme supérieurs ? De fait, les publicités pour les crèmes blanchissantes rappellent les réclames françaises de la fin du XIXe siècle et du début du XXe siècle où un personnage noir vantait le pouvoir blanchissant de savons ou de dentifrices. La peau noire était alors assimilée à la saleté et à la laideur. À ce sujet, la publicité actuelle ose encore des métaphores douteuses. Sur une publicité pour Bi-White (Vichy, L'Oréal, vers 2005), diffusée dans plusieurs pays, un mannequin photographié en gros plan tire la fermeture Éclair d'un voile sombre qui lui recouvre le visage et laisse apparaître un teint très clair. Le geste laisse entendre qu'il faut « se libérer » de la peau foncée. Aux États-Unis, une photo pour L'Oréal, encore, mettait en scène la chanteuse afro-américaine Beyonce Knowles tellement « blanchie » et les cheveux à ce point décolorés et défrisés, qu'elle fit scandale (2008).

Il existe également un marché de la Beauté plus spécifiquement masculin : le « marché du muscle » autour de la culture du bodybuilding. Il comprend des produits (cures protéinées, etc.), des services (clubs de remise en forme, clubs de fitness, etc.), des moyens (appareils de musculation, accessoires de sport, etc.). Les soins du corps masculin (épilation du corps, traitements contre la calvitie, bronzage, etc.) font aussi partie de ce marché de la Beauté masculine, que s'efforce par ailleurs de développer le « markéting gay » né il y a peu, qui cible « les couples homos branchés, ayant deux revenus et pas d'enfant[26] ».

La Beauté, facteur d'exclusion

Le marché extrêmement fructueux généré par la course à la Beauté montre que nous sommes sensibles à la dictature de l'apparence et que les stéréotypes de féminité et de virilité produisent de la frustration et conduisent à l'achat. La publicité nous pousse à croire que l'apparence extérieure détermine la valeur d'une personne, et qu'il est donc crucial de dépenser de l'argent, du temps et de l'énergie pour cela. La publicité contribue à une « imprégnation idéologique » sexiste et ancre en nous l'idée que notre valeur personnelle dépend de notre adhésion aux images de féminité ou de virilité. Le culte de l'apparence et l'idéologie de la Beauté produisent de la culpabilité et une forme de honte vis-à-vis de son propre corps qui est un ferment idéal pour le manque de confiance en soi.

Le culte de la Beauté a un autre effet : inciter au rejet et au mépris des personnes qui ne sont pas conformes aux canons esthétiques en vigueur. Associer la beauté au bien-être, à la réussite, à la morale, au contrôle de soi, à la distinction, cela a pour conséquence d'associer le manque de Beauté aux valeurs inverses. Les personnes vieilles, malades, handicapées, ou simplement visiblement « différentes » sont pratiquement absentes de la publicité et des médias en général, et lorsqu'elles sont présentes, elles sont « embellies », c'est-à-dire rendues « conformes ». Si notre corps ne répond pas aux critères de Beauté, il faudrait donner le change en faisant des efforts esthétiques, en « prenant soin de son apparence », en « se mettant en valeur ».

En donnant le spectacle d'un certain type de physique, la publicité accentue le caractère marginal de ceux qui n'entrent pas dans cette catégorie. Cela légitime les attitudes de mépris envers des personnes non conformes. Cela concerne finalement chacun-e car personne ne ressemble totalement au stéréotype de la normalité. La menace d'être moqué, rejeté, voire d'être exclu d'une vie sociale et personnelle épanouissante, concourt à instaurer pour chacun un contrôle de l'apparence. C'est pourquoi on peut dire que l'idéal de Beauté unique est un système d'exclusion.

La dictature de la minceur produit une forme de rejet particulier : la grossophobie, qui est le mépris (voire la haine dans certains cas) des personnes corpulentes[27]. Les personnes plus grosses que la moyenne se heurtent à l'expression du mépris et du dégoût de la part des autres. La dictature de la minceur associe celle-ci à des valeurs morales positives (maîtrise de soi, volonté, distinction) et à des qualités (efficacité, vitesse, dynamisme). *A contrario*, la grosseur est vue comme le signe de traits de personnalité négatifs : la paresse, la lâcheté, le manque de volonté, la vulgarité, la faiblesse ou encore la lenteur.

L'hygiène et la santé sont aussi utilisées pour condamner les personnes grosses, et ces arguments prétendument objectifs ont une portée considérable, comparable à celle d'une morale. La publicité et les médias (en particulier féminins) prétendent souvent s'appuyer sur des raisons liées à la santé. Il y a souvent amalgame entre un diktat esthétique et un discours médical pour renforcer ce qui va parfois jusqu'à la « phobie » de la grosseur. L'idée que la minceur n'est pas seulement une donnée esthétique mais aussi scientifique est récente (elle date des années 1930, avec l'apparition de la pratique de mesure du corps en kilogrammes et en centimètres). Le terme « obésité », en particulier, est porteur de l'idée que l'« excès de masse grasse dans le corps » est synonyme de maladie. Si l'obésité peut prédisposer à certaines maladies (problèmes cardiaques, de tension, ou de diabète), ce n'est pas systématiquement le cas. La grosseur n'est pas systématiquement liée à une surconsommation de nourriture (ou à une alimentation de mauvaise qualité) et à l'inactivité physique. Seule une minorité de personnes dites « obèses » mangent « trop »[28]. Les médecins savent aujourd'hui que la grosseur est due à de nombreux facteurs (le stress, les médicaments, le déséquilibre de la flore intestinale, la pollution environnementale ou encore les gènes qui font que nous sommes tous différents physiquement[29]).

Le professeur Basdevant, responsable du Plan national de lutte contre l'obésité (en 2011), a évoqué le mépris dans lequel sont tenues les personnes stigmatisées comme obèses, y compris par le milieu médical. On sait que les effets de ce mépris sur la personne peuvent être profonds et destructeurs [30]. La grossophobie touche les hommes comme les femmes, mais sans doute davantage ces dernières, plus vulnérables face aux critiques qui portent sur le corps. La dictature de la Beauté ne pèse pas de la même manière sur les hommes et sur les femmes. car la beauté féminine répond à une attente sociale. Faire désirer aux femmes la Beauté est une façon de mettre au pas toutes les femmes pour qu'elles s'attellent à ce travail sans fin qu'est la fabrication de la féminité.

L'ALIÉNATION DE SOI

Le publisexisme joue donc le rôle d'une autorité qui détermine le modèle à suivre, en particulier pour les jeunes. Or, vouloir devenir semblable à un modèle extérieur et chercher à correspondre exactement à ce qu'une autorité attend de soi, cela signifie entrer dans un processus d'aliénation. L'aliénation, au sens étymologique, cela signifie « devenir étranger à soi-même ». C'est adopter des normes, non parce qu'elles nous correspondent, mais parce qu'il est souvent difficile de refuser d'adopter ce que des instances extérieures veulent nous imposer. L'aliénation pousse à s'identifier à la norme générale, véhiculée notamment par la publicité. Pour ressembler à l'image que la société attend de nous, nous abandonnons une partie de notre authenticité dans nos manières d'être et dans nos relations avec les autres.

En tant que relais de la dictature de l'apparence, la publicité encourage les femmes, en particulier, à percevoir leur corps comme un objet jugé en permanence par le regard d'autrui. L'estime personnelle des femmes est donc tributaire de la valeur que lui accorde ce regard. Être soumise à ce regard revient à se vivre comme une image, comme un objet et non comme une personne complète, à part entière. Toute femme qui aime « se faire jolie » ne tombe pas, bien sûr, dans cette forme d'aliénation. Le problème se pose quand notre identité personnelle en vient à être entièrement asservie à des modèles extérieurs. L'un des effets immédiats de l'aliénation est la génération d'un certain mal-être.

On sait que les magazines féminins qui chantent les louanges de l'industrie de la Beauté influencent le ressenti des lectrices quant à leur corps. Des études réalisées auprès d'étudiantes américaines révèlent que 70 % d'entre elles disent se sentir mal dans leur peau après la lecture de ces magazines[31]. On sait aussi que les lectrices de ces magazines tendent à avoir une image d'elles-mêmes faussée. Une étude d'un médecin français conclue que la moitié des jeunes lectrices sondées se trouvaient trop grosses alors qu'elles n'avaient aucune surcharge pondérale selon les critères médicaux[32]. « Ces jeunes femmes ont [...] construit leur image du corps en référence aux corps des mannequins » explique l'étude. On comprend mieux le fait que plus des jeunes filles lisent des magazines féminins, plus elles ont tendance à faire des régimes[33].

La crainte de n'être jamais aussi mince qu'il le faudrait rend chaque femme étrangère à son corps et affaiblit son estime d'elle-même. Comme l'explique Jean Kilbourne, « cette tendance à percevoir son corps de l'extérieur vers l'intérieur – considérant l'attraction physique, le sex-appeal, les mensurations et le poids comme plus essentiels que la santé, la force ou l'énergie – a des effets très nocifs[34] ». Parmi ces effets, elle cite le sentiment accru de honte, d'anxiété, de dépression, le dysfonctionnement sexuel, les troubles de l'alimentation. Cette description peut paraître excessive, pourtant il faut songer que vivre en permanence avec la peur de déplaire, avec un sentiment d'infériorité et de culpabilité, avec l'inquiétude de n'être pas assez séduisante, absorbe une énergie considérable qui ne peut pas être utilisée ailleurs.

La guerre contre son corps

Apprendre très tôt que leur corps n'est jamais « comme il faut » et qu'il est jugé en permanence par les autres a un impact profond sur la valeur que les femmes s'accordent à elles-mêmes. Indexer sa propre valeur sur le regard des autres fragilise l'estime de soi. Quand on possède une image de soi qui repose sur ce que les autres pensent et non sur ce que nous pensons nous, sur ce que nous avons accompli ou sur nos aspirations, on devient vulnérable aux attaques de toutes sortes. L'estime de soi des femmes, généralement détériorée par une éducation sexiste (qui valorise plus le corps que l'intelligence ou la personnalité), est particulièrement sensible au discours ravageur de la publicité.

Les femmes apprennent donc à voir leur corps comme un reflet de leur être et en même temps à le considérer comme un objet, ce qui est un paradoxe. Ce paradoxe conduit la plupart des femmes à vivre leur corps comme « un lieu fondamental de conflit et de douleur », ainsi que l'explique Carla Rice dans son article « Des territoires occupés : nos corps[35] ». Ce malaise corporel se retrouve chez les femmes de pays très différents dont le point commun est d'être touchés par la culture de masse (c'est-à-dire presque tous). L'écrivaine américaine Eve Ensler, qui a interviewé des femmes à Rio de Janeiro, Moscou, Istanbul et en Afrique du Sud, a constaté que « à de très rares exceptions près », les femmes qu'elle a rencontrées « détestaient au moins une partie de leur corps ». La propagande de la Beauté pousse les femmes à accorder une importance démesurée à ces parties de leur corps « à rectifier » (cheveux, ventre, fesses, etc.). Eve Ensler conclue : « À peu près toutes les femmes sont persuadées que si elles pouvaient arranger cette partie d'elles-mêmes qu'elles détestent, tout le reste irait mieux. Il va sans dire que c'est un combat aussi douloureux qu'infini[36]. »

La culture sexiste pousse les femmes à percevoir leur corps comme une somme de problèmes esthétiques qu'il faut résoudre avant d'espérer pouvoir mener une vie épanouie. La conséquence est d'inciter les femmes à contrôler leur corps et à le corriger. Et contrôler son corps, le surveiller sous toutes les coutures, représente un travail interminable. C'est une lutte contre le temps et contre soi-même; le corps est vu alors comme un ennemi à dominer. Ainsi peut naître la haine de son corps qui est l'apanage d'un grand nombre de femmes. Ce sentiment peut entraîner la dépression et des addictions diverses. Socialement, les femmes sont donc encouragées à faire la guerre à leur corps. « Le corps féminin est devenu le champ de bataille de la guerre contre les femmes, et le champ de bataille lui-même est devenu [leur] pire ennemi », écrit Carla Rice.

Cette guerre que les femmes livrent à leur corps au nom de la Beauté se traduit par des violences qu'elles se font endurer elles-mêmes. Le régime amaigrissant qui peut devenir un véritable « régime de la surveillance » est sans doute la forme la plus répandue de cette « guerre ». La pression de la recherche de la minceur est en effet massive dans notre société. On peut en juger par le nombre d'articles d'incitation au régime dans la presse féminine. On peut parler d'une vraie « culture du régime » qui passe par les magazines, les discussions entre ami-e-s ou en famille, le discours médical, les médias (dont la publicité fait partie). Tout incite les femmes à prendre part à cette obsession collective. De fait, en France, 50 % des jeunes femmes se disent « peu ou prou au régime » (alors que la moitié d'entre elles n'est pas en surpoids[37]). Ainsi, pour une femme, bien souvent, la norme consiste *a minima* à « faire attention » à sa ligne, c'est-à-dire à veiller à ne pas prendre davantage de poids. Le régime se présente comme le passage vers une phase plus active. Dans cette phase, l'entourage encourage, surveille, accompagne même. Le régime amaigrissant met en œuvre une vision pseudo-scientifique du corps et de l'alimentation qui incite à tout calculer de façon systématique : la nourriture en calories, le poids en kilos, la grosseur en taille de vêtements, la graisse avec l'indice de masse corporelle (IMC[38]). Le régime est bien une forme d'autodiscipline permanente : pour réussir, il faut supporter la frustration, ne pas « craquer », « tenir »... Car la culture du régime repose sur un axiome : « si on veut on peut ». Tout ne serait qu'une question de volonté. Les échecs sont donc attribués à une volonté insuffisante, ce qui alimente une mauvaise estime de soi, jusqu'au prochain sursaut qui pousse à faire un régime. L'engrenage est sans fin... De nombreux médecins affirment que « contrairement aux idées en vogue », il n'est guère possible de modifier durablement son poids, dès lors que l'on est dans une société où la nourriture est disponible. « Les régimes s'avèrent globalement inefficaces, sur une période de cinq ans, 95 % des sujets sont revenus au poids antérieur ou l'ont dépassé[39]. » On peut donc affirmer que le marché des régimes amaigrissants permet surtout aux femmes d'acheter « de l'espoir », perpétuellement à renouveler. Il y a toujours l'exemple exceptionnel d'une personne qui a réussi à maigrir sans regrossir : c'est la lueur d'espoir qui permet de penser que « chacun-e a sa chance » et de continuer à tenter d'atteindre l'inaccessible.

La culture du régime banalise l'habitude de s'infliger des privations (s'affamer, s'interdire des aliments que l'on apprécie...) et des obligations (faire de l'exercice physique à outrance, par exemple). On peut y voir une forme d'automutilation culturellement admise et encouragée. Cette culture transforme aussi l'alimentation en une source de stress, de tension et d'inquiétude. Ce qui en fait un terrain fertile pour les troubles de conduite alimentaire. Ces troubles englobent la compulsion alimentaire, la boulimie nerveuse et l'anorexie mentale. Ils relèvent de l'addiction (comportementale) et traduisent une souffrance intérieure [40]. L'anorexie mentale, « entreprise effroyable d'amaigrissement », concerne surtout des jeunes filles et des jeunes femmes. Cette pathologie touche 1% des femmes (la boulimie 1,5 % d'entre elles). À l'adolescence, les troubles sous des formes atténuées concernent une jeune fille sur quatre et un jeune garçon sur cinq. 5 % des personnes souffrant d'anorexie mentale en décèdent à long terme [41]. Il semble que le phénomène est en augmentation et qu'il est de plus en plus précoce [42]. L'anorexie, c'est « une rationalisation extrême d'un régime de vie très strict » où la volonté de contrôle du corps est centrale, comme le décrit la sociologue Muriel Darmon. Celle-ci a aussi montré que cela va souvent de pair avec une volonté d'atteindre une forme d'excellence, et un désir de se distinguer socialement. Les causes de l'anorexie sont sans doute diverses et propres à chaque individu. Pourtant, on sait que cette affection commence la plupart du temps par un régime ordinaire, souvent encouragé par l'entourage.

L'anorexie se propage dans une culture qui lui est propice, où le culte de la minceur, le contrôle sur son corps, l'attention extrême aux jugements d'autrui sont communément admis. Toutes les jeunes filles et les femmes sont poussées à se transformer pour atteindre un idéal. Et on pourrait presque dire que celles qui font de l'anorexie prennent en fait ces injonctions au pied de la lettre.

Les pouvoirs publics ont reconnu récemment que la culture de l'amaigrissement, et en particulier les images de mannequins très maigres, joue un rôle dans le développement de ces troubles. En 2008, le ministère de la Santé, de la Jeunesse et de la Vie associative a ainsi affirmé que pour prévenir les conduites anorexiques, il fallait « faire évoluer les comportements et les représentations[43] ». La ministre (Roselyne Bachelot-Narquin) a même fait signer une charte à des professionnels de la publicité, de la mode et de la communication où ceux-ci s'engageaient à « promouvoir la diversité corporelle en évitant les stéréotypes qui favorisent la constitution d'un modèle esthétique », ou encore à « informer le grand public sur l'utilisation de l'image du corps et lui faire prendre conscience des dangers de l'anorexie ». Depuis, on continue de voir des mannequins très minces sur les affiches et dans les magazines[44]…

La chirurgie esthétique est la « solution » ultime dans l'entreprise féminine qui consiste à « se fabriquer un corps ». Cette technique répond à une logique simple et redoutable : remédier à un complexe, effacer les disgrâces, modeler le corps selon son désir. Dans la quête de la jeunesse ou de la perfection qui en passe par la chirurgie esthétique, il peut y avoir un engrenage : après une première opération, pourquoi ne pas en refaire une autre ? « La chirurgie esthétique est un outil extraordinairement tentant. Il est même idéal dans la mesure où il a

là encore pratique reservé au personn
isé → beauté serait seulement accessible aux classes
superieur

la caution de la médecine », souligne l'écrivaine Noëlle Châtelet [45]. Sur le billard, le corps est réellement une matière première à modeler, gonfler, redessiner, raboter ; une matière première à partir de laquelle on construit la féminité. Les images de femmes-publicité découpées et morcelées incitent sans doute à voir son corps comme une somme de parties imparfaites, dont chacune mériterait, plus ou moins, une « correction ».

La chirurgie esthétique n'est pas un acte anodin ni inoffensif comme le font croire les magazines féminins [46] : elle comporte des risques importants. Ces interventions en principe irréversibles requièrent souvent une anesthésie lourde et un temps de cicatrisation assez long et douloureux. Les patientes, *a priori* en bonne santé, prennent aussi le risque d'attraper une infection nosocomiale [47]. De plus, les personnes opérées ne bénéficient pas toujours d'un accompagnement psychologique ensuite (nécessaire quand on sait qu'un changement du visage engendre des troubles de l'identité et des troubles relationnels). Les ratages (par exemple, des implants mammaires défectueux) ne sont pas rares, avec des séquelles parfois définitives telles que l'insensibilité des seins, la paralysie du visage ou la peau nécrosée. Il est difficile de connaître les statistiques exactes sur les opérations problématiques, mais certains avancent le chiffre de 20 % de litiges entre patientes et chirurgiens (contre seulement 2 % pour les autres disciplines médicales [48]). On le voit, l'obligation de la Beauté, encore une fois, pousse les femmes à mettre délibérément leur corps en danger.

Comme nous l'avons vu avec l'anorexie, les préadolescentes et les adolescentes sont particulièrement vulnérables aux modèles de féminité diffusés par les médias de masse. De par leur jeunesse, elles ne sont pas en mesure de faire la part des choses quant à la vérité de certains messages, d'autant qu'elles sont en pleine construction de leur identité, et en recherche d'expérimentations. Les publicitaires le savent et utilisent « des tactiques qui incorporent le besoin d'affirmation et la quête d'identité » de ces jeunes filles [49]. Dans les magazines qui leur sont destinés, le message est simple : la féminité se définit à travers un corps parfait, et la réussite de ce projet se vérifie dans la capacité à capter l'attention des garçons. Des chercheuses québécoises qui ont étudié cette presse ont établi que ses discours et ses images développent l'obsession de l'apparence et de la minceur de manière très précoce [50]. Une étude sur les adolescentes (de onze à dix-neuf ans) en France montre qu'elles sont près de trois sur quatre à « faire très attention à leur apparence ». Parmi les préados de onze ans, près de 30 % se jugent déjà trop rondes [51]. L'autre effet majeur de ces modèles est de pousser ces jeunes filles à construire leur identité à l'extérieur d'elles-mêmes. Cela les oblige à être « en quête constante d'approbation par les autres » et cela développe leur « vulnérabilité sociale », c'est-à-dire une difficulté à se défendre face aux critiques d'autrui. Les articles et les publicités des magazines pour jeunes filles mettent en avant les schémas traditionnels à intégrer : dépendance, effacement, superficialité.

Les rôles que la publicité inculque aux femmes sont bien des rôles de dominée, et plus précisément d'appropriées : « les images publicitaires témoignent du fait que les femmes n'ont pas socialement la propriété de leur corps », comme l'affirme Estelle Lebel [52]. Cela est manifeste dans l'obligation faite aux femmes de transformer leur corps. « Les représentations actuelles de la malléabilité corporelle, notamment féminine, relèvent d'un mouvement de fond [53] », selon Muriel Darmon. Ces représentations font de la transformation corporelle un objectif « à la fois possible et souhaitable ». Avoir un corps féminin, cela veut donc dire avoir un corps à modeler selon le désir masculin tel qu'il est défini socialement. Se voir à la fois comme des objets et comme des images a pour les femmes des conséquences dévastatrices. C'est l'un des effets de l'aliénation de penser qu'améliorer son corps est la seule façon d'améliorer sa vie. Cette idée ne s'accompagne-t-elle pas d'un sentiment d'impuissance ? Car pour modifier véritablement les conditions matérielles de son existence, il faut en passer par la relation à la société, à son métier, à son quartier, à ses proches. D'une certaine manière, l'une des seules actions créatrices que la société sexiste autorise aux femmes est de se transformer elles-mêmes « physiquement » pour le bon plaisir des hommes, plutôt que de transformer le monde (l'espace traditionnellement réservé aux hommes).

Les hommes aussi

Les hommes-publicité aussi concourent à imposer une image de la virilité à laquelle chaque homme est censé se conformer : assurance, puissance physique et réussite sociale (pouvoir, richesse, autorité, etc.). L'aliénation masculine se traduit par la volonté de se conformer à un modèle irréel d'homme combatif, insensible et infaillible. De ce point de vue, les hommes et les adolescents sont poussés à se construire un corps viril, au travers de la musculation et de la pratique du sport. Ils veulent « se refaire une virilité », qui passe par le phallus (en tant que symbole de la puissance). Comme le résume Suzanne Képès, l'équation de la virilité est simpliste : « Je bande donc je suis un homme, donc je suis[54]. » L'un des effets du culte de la virilité sur les hommes est de cultiver la hantise de devenir impuissant, c'est-à-dire « féminin », et de perdre ce qui les distingue des femmes. « Le fantôme de l'impuissance obsède la virilité », précise l'anthropologue Jean-Jacques Courtine [55]. Les hommes sont donc encouragés à réparer aussitôt leurs troubles de l'érection avec des molécules chimiques de l'industrie pharmaceutique, comme le Viagra (en dix ans, 25 millions d'hommes à travers le monde auraient utilisé cette pilule, selon le laboratoire Pfizer qui la fabrique). Certains ont aussi recours à des opérations chirurgicales pour obtenir un allongement du pénis.

Surtout, le modèle de normalité envoyé massivement aux garçons et aux hommes est celui d'un être obnubilé par la conquête des femmes, pulsionnel, et agressif sexuellement.

Les quelques images d'hommes-objets n'ont, de fait, pas les mêmes conséquences sur les hommes que sur les femmes, car elles ne leur rappellent pas que leur corps est un objet : les hommes réels « ne vivent pas dans un monde où leur corps est chaque jour scruté et critiqué » par les femmes et les hommes, contrairement à ce que vivent les femmes, explique Jean Kilbourne [56]. La publicité influence la représentation qu'ils se font des autres, en particulier des femmes, et entretient la crainte de perdre une position de supériorité, comme nous allons le voir dans la troisième partie du chapitre.

La publicité sexiste renforce les injonctions faites à chacun de se modeler un corps et un comportement, féminins, donc beau et séduisant, ou masculins, donc viril et puissant.

Le genre est une vraie prison pour l'individu, homme ou femme. La sexologue Suzanne Képès le confirme : « Il joue masculin, elle joue féminin : les rôles induits par ces jugements sont de véritables carcans pour la nature profonde des individus [...]. En somme, les uns et les autres ne peuvent pas être totalement vrais et totalement sincères dans leurs gestes, leur comportement et leurs vêtements, de peur du jugement et du regard social[57]. » Le discours publicitaire enchaîne particulièrement les femmes à leur corps en les contraignant à s'identifier uniquement à leur sexe – au sens large, à s'enfermer dans la féminité. La publicité sexiste n'aide pas à avoir un rapport apaisé et serein avec son corps, ni à faire de son corps une force pour exister et pour agir pleinement. Au contraire, les représentations sexistes de la publicité apprennent davantage la haine de soi et l'impuissance, pour les femmes en particulier.

LA DOMINATION DES AUTRES

L'idéologie essentialiste affirme que les femmes et les hommes sont par nature fondamentalement différents, et que la hiérarchie sociale entre les sexes est bâtie sur des données anatomiques ou neurologiques. Selon certains, la fameuse complémentarité des sexes serait immuable depuis la préhistoire... L'impact de ce discours est important, comme en témoigne le succès d'une série de manuels de psychologie conjugale qui défendent l'idée que l'homme et la femme possèdent deux fonctionnements distincts, opposés et impossibles à changer[58].

Ses transformations au cours de l'histoire montrent que la société peut évoluer et que les inégalités sociales entre les hommes et les femmes possèdent un fondement politique et découlent d'une relation de pouvoir plus que des chromosomes ou des connexions neuronales. Si des changements ont pu être obtenus, c'est bien grâce au poids politique des mouvements féministes, lesbiens et homosexuels. C'est bien la socialisation différenciée des filles et des garçons (dans l'éducation, la culture, le langage, les images, la famille, les rôles sociaux, etc.) qui entretient la différence et la hiérarchie entre les hommes et les femmes. En ce sens, le publisexisme joue un rôle idéologique : il défend des modèles de relations inégalitaires et entretient des mythes qui légitiment, entre autres, la violence masculine contre les femmes. En s'adaptant aux nouveaux comportements et aux modes de pensée pour mieux justifier la subordination des femmes, il incite les hommes à refuser l'égalité, et fait accepter aux femmes la position de soumission.

L'idéalisation de la famille

Les stéréotypes amoureux contribuent à survaloriser un modèle unique de vie privée : le couple hétérosexuel avec enfants. Car contrairement aux affirmations publiques (« chacun fait ce qu'il veut »), il existe bel et bien un modèle de vie privée. Loin de donner à voir la diversité des liens amoureux, érotiques, conjugaux et familiaux, la publicité met en scène des relations standardisées : soit le couple, si possible marié, soit la relation érotique pulsionnelle.

Les publicités renforcent le modèle amoureux traditionnel, auquel les femmes sont particulièrement sensibles, bercées depuis leur enfance par l'attente du Grand Amour qui transfigure tout, et du Prince charmant, une figure encore vivante dans les esprits. Plus pour que les hommes, trouver et conserver l'amour est souvent le but ultime de leur existence. La publicité contribue à accorder un rôle crucial au mariage : celui de couronner l'engagement amoureux sérieux et être le garant du bonheur et de la longévité du couple. Pour les femmes, il symbolise encore souvent le « plus beau jour de leur vie ». Le célibat est encore perçu comme un pis-aller et non comme un choix de vie positif pour les femmes, alors même qu'il concerne des millions d'entre elles en France[59].

Le mythe de l'amour-sacrifice rend la femme dépendante socialement de l'homme. Qu'elle soit objet du désir masculin, heureuse élue de l'homme, mère de ses enfants, son identité bien souvent en passe par son compagnon.

Le publisexisme contribue à ancrer dans les esprits que la maternité est l'aboutissement rêvé de la féminité. À nouveau, voici les femmes que l'on tente d'enfermer dans un rôle de procréatrice : la maternité étant l'accomplissement total de leur personne. Une autre conséquence de la glorification de la maternité est de répandre l'idée que les femmes sans enfants sont, après un certain âge, des « marginales » qui ont raté leur vie.

Surtout, le mythe de l'instinct maternel permet de justifier que les mères et non les pères prennent en charge le soin des enfants. Car la famille est le cadre d'une exploitation du travail gratuit des femmes. Comme l'a montré la sociologue Christine Delphy[60], ce travail féminin est un pilier du système patriarcal. Ce travail de soin, d'entretien des hommes, des enfants, des personnes malades ou dépendantes effectué par les femmes est rarement reconnu comme tel et le plus souvent maintenu dans l'invisibilité. Le stéréotype social de la ménagère est fondamental dans le système patriarcal, car au nom de l'amour, il sert à affirmer que le travail gratuit fourni par les femmes dans le foyer est naturel ; et à rappeler que l'horizon des femmes est l'espace privé, plus qu'une activité sociale, la maîtrise d'un métier ou l'investissement dans une occupation où elles se réalisent. Être la garante de l'équilibre familial et l'administratrice de la maison requiert du temps et de l'énergie, et représente pour les femmes qui ont un emploi à l'extérieur une double journée de travail. La prise en charge du travail domestique est un handicap social majeur, qui les empêchent de s'investir dans une activité (sport, métier, action sociale ou militante, expression artistique, etc.) au même degré d'intensité que leur compagnon par exemple. Alors que de nombreuses jeunes femmes rêvent du triptyque « mari-bébé-maison » et de rester au foyer plutôt que de trouver une activité épanouissante à l'extérieur, quels sont les lieux où l'on entend la parole des mères qui ont un quotidien surchargé, étouffant, qu'elles prennent en charge seules, sans qu'on leur donne le droit d'exprimer un mécontentement, une souffrance, une tristesse sans qu'elles risquent d'être taxées de « mères indignes » ?

L'américaine Betty Friedan a montré les ravages causés par le mythe de la femme au foyer épanouie, véhiculé en grande partie par la publicité à partir des années 1945. Des mères de famille ont été poussées à s'identifier complètement avec leur intérieur. L'écrivaine a décrit le profond malaise de ces femmes qui se sont conformées au rôle que l'on attendait d'elles : la dépression, la dépersonnalisation, le sentiment de ne plus vivre pour soi, le désert affectif ou encore l'isolement.

Un modèle imposé de sexualité

L'image des hommes-publicité et des femmes-publicité dans des scènes suggérant des rapports sexuels donne à penser que des rapports sexuels épanouis ne peuvent concerner que des êtres parfaitement jeunes, beaux et minces. La publicité concourt à répandre l'idée que la vie sexuelle et la jouissance érotique sont dépendantes de notre apparence physique. L'idéologie de l'apparence réduit la question du physique à la question de la morphologie et du style d'habillement. La publicité veut faire croire que la beauté est le seul critère qui entre en jeu quand il s'agit du désir. En réalité, le charme d'une personne joue au moins autant, sinon plus, que sa plastique ou les traits de son visage. Le charme est bien quelque chose de physique, mais d'impalpable car il s'exprime dans la démarche, le regard, les gestes, le rire ou encore la façon de parler.

Les stéréotypes physiques de beauté féminine ont des effets chez les hommes hétéros : la standardisation du désir. « Les hommes étant mimétiques eux aussi, ils pourraient bien désirer les femmes minces, non parce qu'elles sont plus attirantes, mais parce qu'elles ressemblent davantage aux modèles de femmes désirables proposées par le cinéma, la télévision, la publicité[61]. » Cela renforce l'idée que pour les hommes, les femmes sont des attributs de leur virilité. S'afficher avec une femme dont le physique est conforme aux canons esthétiques joue en la faveur de l'homme. Comme le dit clairement un homme interrogé par Bénédicte Lavoisier dans les années 1980 : « La fille [...], c'est aussi quelqu'un qui te place – et pour que ça te place bien, il faut que la femme entre dans les normes établies. [...] C'est ça, la fille, ça te place, comme une bagnole, une cravate ou un blue-jean délavé[62]. »

La publicité fait des allusions constantes à la pornographie de masse. Ces allusions sont censées établir une connivence avec le public. En imposant les codes porno dans leurs images, les publicitaires partent du présupposé que la pornographie fait partie de la culture de tous. Ils renforcent la légitimité de la pornographie comme modèle pour construire sa propre sexualité. Pourquoi la culture pornographique qui fait partie de la culture dominante devrait-elle être nécessairement valorisée? Ne doit-elle pas être au contraire critiquée? L'industrie pornographique pose problème pour plusieurs raisons. Comme le note Michela Marzano, représenter un fantasme absolu à l'écran le transforme en norme: «Les films porno montreraient des archétypes universels que tous les hommes et les femmes devraient vouloir adopter. La pornographie formate les images de la sexualité[63].» La sexualité, mécanique, impersonnelle, basée sur l'hégémonie du désir masculin, n'y est représentée que sous la forme de fantasmes très conformistes et prévisibles.

Dans la pornographie, les femmes sont considérées comme des objets et servent à mettre en valeur la puissance virile (comme l'a décrit Michela Marzano dans *Malaise dans la sexualité*, elles sont «prises, défoncées, démontées...»). Dans la publicité, elles sont des faire-valoir des produits et servent à attirer le regard. Dans les deux cas, l'image focalise l'attention sur certaines parties du corps, sexualisées à outrance. Morcelé, le corps féminin est présenté comme un objet en accès libre, et non plus comme un tout, un individu à part entière. La docteure Suzanne Képès souligne elle aussi la dangerosité des images fantasmatiques présentées comme la norme[64], qui, en tant que modèles imposés de l'extérieur, fabriquent de l'inquiétude, de l'angoisse, car elles ne correspondent pas à la réalité de la sexualité et de la jouissance.

La publicité et la pornographie sont assez comparables dans leur fonctionnement. Toutes deux sont des usines à stéréotypes sexistes. Leurs images schématiques, très pauvres sur le plan du sens et de la sensibilité, prescrivent au public la normalité de ce qu'il faut désirer concernant le corps, les relations hommes/femmes et le plaisir sexuel. La vision est toujours la même, la sexualité est une mise en scène de la féminité et de la virilité, où cette dernière est censée se montrer triomphante, c'est-à-dire active et infaillible. Ce modèle diffusé massivement par les images érotiques de la publicité et les images pornographiques s'impose comme la seule représentation possible de la réalité et parasite chez chacun l'invention autonome de sa propre sexualité.

La publicité présente aussi les relations sexuelles comme des rapports de pur intérêt, où l'on utilise le corps de l'autre. Cela peut générer un réel cynisme et un manque de confiance en l'autre. De plus en plus, les femmes sont invitées à adopter un modèle masculin et machiste, celui de la consommation dans la relation sexuelle et amoureuse ; c'est-à-dire à utiliser l'autre plutôt qu'à vivre une véritable rencontre. L'idée publicitaire que l'on peut « acheter » l'amour comme un produit se concrétise dans les pratiques de rencontres par Internet. De nombreux sites où se retrouvent hommes et femmes donnent l'illusion que l'on peut puiser à l'infini dans un immense réservoir de célibataires. « L'illusion consommatrice laisse penser qu'un homme ou une femme pourrait être choisi comme un yaourt dans un hypermarché[65]. » C'est « l'amour liquide » décrit par Zygmunt Bauman[66].

Les plus jeunes

L'omniprésence de la sexualité dans la publicité (mais aussi dans les clips musicaux et sur Internet) influence à la fois les comportements des jeunes et leur conception de l'érotisme. Comme le montre une étude québécoise de 2008[67], filles et garçons sont influencés par les modèles sexuels présentés et finissent par adhérer à la précocité sexuelle et aux stéréotypes. Les jeunes sont plus vulnérables à ces images, car ils n'ont souvent pas les connaissances que pourrait leur apporter une expérience personnelle ou une réflexion approfondie. L'omniprésence d'images empruntant les codes de la pornographie leur impose des manières de faire, des gestes à accomplir, des poses à adopter, des paroles à prononcer sans qu'ils puissent découvrir par eux-elles-mêmes ce qui leur fait plaisir. Ces modèles n'apprennent pas les mêmes rôles aux garçons et aux filles. « La séduction et la sexualité sont présentées aux filles comme des moyens légitimes pour obtenir ce qu'elles veulent. Elles apprennent ainsi à répondre aux désirs des hommes au détriment des leurs. Quant aux garçons, ils apprennent que leur sexualité doit être essentiellement physique, sans amour, basée sur des performances où le plaisir de la femme compte peu[68]. »

Un autre trait frappant, dans la publicité et les magazines, est la tendance de plus en plus marquée à la sexualisation précoce des petites filles. Des marques de mode enfantine mettent en scène des mannequins-enfants vêtues de tenues et adoptant des attitudes imitant celles de femmes adultes : par exemple, des poses aguicheuses ou des regards d'invite. Ces images s'inscrivent dans une « hyper-sexualisation » de l'apparence des femmes en général et une sexualisation précoce.

Cette tendance tend à produire un brouillage des barrières entre les générations, adultes et ados étant censés se rejoindre pour communier ensemble dans une espèce de culte du jeunisme. Comme l'explique le psychanalyste Tony Anatrella, il y a eu une inversion fondamentale. Alors qu'auparavant les jeunes cherchaient à ressembler aux adultes, « maintenant ce sont les adultes qui cherchent à s'identifier aux adolescents ». Cette confusion entre l'âge adulte et l'adolescence, voire l'enfance, a plusieurs conséquences dans le renforcement du sexisme. «Très tôt les enfants adoptent les stéréotypes de genre. Des petits garçons qui font les durs et singent les *bad boys* dès douze ans. Des petites lolitas de neuf ans essaient les mêmes tenues sexy que leur mère de 38 ans. Elles veulent toutes deux ressembler à des modèles ultra-féminins de dix-neuf ans [69].» En encourageant les fillettes à imiter les femmes adultes, les adultes renoncent à assumer leur rôle qui est de poser des limites aux plus jeunes pour les aider à grandir. Les images qui érotisent les très jeunes filles sont particulièrement perverses parce qu'elles suggèrent que les hommes devraient accepter de se laisser séduire par des gamines qui jouent avec des codes qu'elles ne sont pas en mesure d'assumer. Il est pourtant fondamental en tant qu'adulte de ne pas valoriser les attitudes d'objets sexuels que prennent de très jeunes filles, pour leur permettre de trouver leur propre sexualité en temps et en heure.

Un climat de mépris

Si la publicité se présente comme une école du mépris de soi, elle est aussi un vecteur du mépris de l'autre. Les images qui font du corps des femmes un matériau ou un objet que l'on peut s'approprier viennent rappeler que la société sexiste ne les considèrent pas comme des personnes à part entière, mais plutôt comme des corps au service des besoins des autres, et des hommes en particulier. La publicité qui «joue» avec la violence contre les femmes nourrit le sentiment qu'il est légitime de réduire une femme à son corps, et d'exercer, si on le juge nécessaire, une violence sur elle. La sociologue Jules Falquet a montré que la violence des hommes contre leur compagne est possible parce qu'il existe un apprentissage social qui rend ordinaire cette violence [70]. Cet apprentissage en passe notamment par une désensibilisation de l'auteur des violences, dans un environnement où l'agressivité et le mépris sont banalisés : les images violentes (télévision, cinéma, presse, etc.), comme le langage violent participent à cette banalisation. La violence contre les femmes présente dans la publicité concourt donc à renforcer ce climat de désensibilisation. Ce qui va permettre de minimiser des actes violents réels et peut favoriser le cycle répétitif de la violence conjugale.

Un autre élément de l'apprentissage de la violence est la déshumanisation symbolique de la victime. Jules Falquet a décrit comment, par le langage, l'agresseur assimile sa victime à un animal (de manière affectueuse, comme « souris », ou insultante, comme « chienne »), à une créature fantastique (« fée » ou « sorcière »)[71]. La déshumanisation symbolique est présente dans les images publicitaires qui montrent les femmes comme des choses ou des êtres non humains. On peut penser comme Jean Kilbourne que « [La publicité] crée un climat culturel où la femme est vue comme une chose ». Et comme elle le souligne, « voir un être humain comme une chose est certainement le premier pas pour justifier des violences contre celui-ci. [...] Nous pensons que l'autre est moins qu'un être humain et la violence devient inévitable[72] ».

En faisant de la violence des hommes sur les femmes un fait « naturel » ou quelque chose de drôle, le publisexisme crée un climat propice à la violence contre les femmes.

Comme l'ensemble de la culture sexiste, il entretient aussi des mythes concernant la violence sexiste : « l'homme violent a perdu le contrôle », « l'homme n'avait pas la volonté de faire mal », « cela n'est pas grave », « la femme l'a cherché ». Ces idées préconçues sont dangereuses car elles permettent aux hommes auteurs de violence de dénier toute responsabilité de leur acte, à leurs propres yeux et aux yeux des autres. Ces mythes empêchent aussi de connaître les conditions sociales de cette violence pour la prévenir et la combattre. La réalité est que ce phénomène est massif: une femme sur dix vivant en couple a connu ou connaît le problème de la violence conjugale, tandis que 400 femmes meurent chaque année suite à cette violence[73]. Celle-ci est une expression de la domination masculine, elle s'inscrit dans une relation de pouvoir. Elle est généralement progressive et suit différentes phases (mépris, vexations, violence psychologique, gifles puis coups de plus en plus durs).

La culture sexiste tend à banaliser aussi les préjugés liés au viol. Le fait d'érotiser la violence en montrant à répétition des images de femmes séduisantes dont des hommes prennent possession transforme la violence en «spectacle», en objet d'excitation, et déforme la réalité de l'agression sexuelle qui est d'abord un abus de pouvoir et qui répond à une «volonté de domination par l'humiliation de la femme[74]». L'érotisation de l'agression sexuelle fait passer deux croyances perverses: une femme que l'on force peut finir par y prendre du plaisir, et le ressenti de la femme agressée n'a pas d'importance. Les images publicitaires où les femmes sont traitées comme des objets sexuels peuvent faire perdre de vue que le viol est une atteinte inadmissible à l'intégrité physique et psychique de l'autre. Le ressenti de la personne violentée n'est pas représenté, alors que l'on sait que «toute femme violée se sent niée comme être humain, réduite à être "la chose" de l'homme qui l'agresse[75]». On connaît aussi les effets profonds et durables de la violence sur elle: «Le viol bouleverse brutalement toute la vie des victimes. Cette agression a des répercussions sur leur santé, sur leur vie sociale et professionnelle (peur, honte, culpabilité, dépression, troubles psychosomatiques), et par-delà sur la société, son système de santé, sa justice, sa police, sa solidarité [76]. »

La publicité vient valider des préjugés sexistes et cautionner les clichés les plus nocifs concernant les femmes qui subissent un viol, les violeurs, les circonstances de l'agression et ses conséquences. Encore une fois les mythes et les tabous entourant le viol restreignent la prévention, et renforcent la domination sur les femmes. Parmi ces mythes, il y a l'idée que le viol est un événement rare, ponctuel, violent. En réalité, il y a des viols sans violence physique (des hommes qui pénètrent leur partenaire endormie, par exemple), avec violence verbale et psychologique, et avec menace. La culture sexiste qui banalise le viol contribue à entretenir et renforcer la peur du viol qui concerne toutes les femmes. Cette peur empêche notamment les femmes de circuler comme elles le voudraient (la nuit, par exemple) et de se défendre face à une agression physique.

Les images dans l'espace public qui banalisent la violence sexuelle ont des effets très directs sur les personnes qui ont subi un viol. Rappelons que le nombre de personnes concernées est estimé entre 50 000 et 75 000 par an en France [77]. Par ces images, ces femmes (ce sont des femmes en grande majorité) se voient rappeler que ce crime n'aurait pas d'importance. C'est ce qu'a montré l'écrivaine Lola Lafon dans un passage de son roman *Une fièvre impossible à négocier* : la narratrice qui tente de surmonter un viol que lui a fait subir un garçon « parfaitement insoupçonnable », se retrouve face à une publicité (authentique) qui joue sur l'idée de la violence sexuelle en montrant une femme nue accompagnée de l'affirmation : « Vous dites non, mais on entend oui. » « Il faudra dire à l'agence Young et Rubicam que ça fait mal, l'humour branché», écrit-elle [78].

Un autre effet concret des images qui suggèrent l'agression contre des femmes passives est d'inciter à attribuer la culpabilité aux victimes : elles ne se défendent pas, ce qui voudrait dire qu'elles sont consentantes ou masochistes. Les images sexistes nous conditionnent à croire que les femmes sont incapables de se défendre face à une agression, et qu'elles ne devraient pas essayer de le faire. Cette croyance accroît la vulnérabilité des femmes et explique que nombreuses sont celles qui restent paralysées dès qu'elles sont menacées, n'osant pas se défendre.

Les idées toutes faites sur la violence subie par les femmes sont répercutées par le publisexisme alors qu'elles masquent la réalité des mécanismes de cette violence sur les femmes, étroitement liée aux identités sexuelles, en déculpabilisant les hommes auteurs de violences sexistes et en culpabilisant les femmes qui les endurent.

Un climat d'intolérance

Concernant les publicités qui véhiculent des clichés sur les homosexuels, on peut se demander si ces images jouent un rôle positif ou négatif dans la lutte contre l'homophobie. En apparence, la publicité peut contribuer à une plus grande visibilité des lesbiennes et des gays et proposer des messages de tolérance – la lutte pour sortir de l'invisibilité étant un enjeu important des luttes homosexuelles. On peut considérer que des affiches de quatre mètres sur trois dans le métro parisien représentant un couple de femmes ou un couple d'hommes s'embrassant, pour le Salon Rainbow Attitude (2005), participent à donner une place au désir des personnes de même sexe dans l'espace social. Plus qu'une participation à la visibilité gay, il s'agit plutôt de son instrumentalisation. Il faut noter que le markéting homo véhicule des valeurs traditionnelles, en montrant des hommes bien masculins et des femmes bien féminines (avec le culte de la Beauté pour les unes, de la virilité et du muscle pour les autres), et qui valident les modèles du couple et de la famille, à travers l'amour, la fidélité, la réussite sociale [79]. Des images alternatives seraient-elles émancipatrices? Non, car de par sa diffusion massive, la publicité annihile les effets subversifs potentiels: basée sur la répétition à grande échelle d'un même message, elle ne peut que produire de nouveaux stéréotypes [80]. La publicité n'a pas de visée philanthropique, elle exploite les images des gays pour les intérêts des annonceurs.

En affirmant que les genres féminin et masculin divisent obligatoirement l'humanité en deux catégories étanches et «naturelles», la publicité renforce les mécanismes de l'homophobie. L'homophobie, au sens général, ce n'est pas seulement le rejet des homosexuel-le-s mais de toutes les personnes qui sont supposées telles, et généralement qui ne sont pas jugées conformes à l'identité sexuelle qui devrait être la leur: les hommes qui ne manifestent pas assez leur virilité, ou les femmes jugées insuffisamment soumises. Bref, tous ceux et toutes celles qui «trahissent» leur genre et s'écartent du «bon chemin» sexuel. Le stéréotype dans une société hétérosexiste sert à apaiser l'angoisse identitaire de ne pas être reconnu comme un vrai homme ou une vraie femme. Le rejet de la figure de l'homosexuel et de toute forme d'homosexualité est constitutif de la virilité. Tout homme perçu comme homo par les autres hommes court le risque d'être stigmatisé. Les manifestations d'homophobie permettent aux hommes hétéros de se rassurer entre eux sur leur virilité. Encore une fois, le stéréotype permet d'avoir une vision simplificatrice et surtout de classer les individus, et de les hiérarchiser.

Si la publicité montre davantage de personnages homosexuel-le-s qu'il y a quinze ans, le fait est que les agressions réelles, elles, ne diminuent pas. On observe une augmentation de 43 % du nombre de cas de violences à l'encontre de personnes lesbiennes, gay, bisexuelles ou transsexuelles, entre 2009 et 2010[81]. Les plus jeunes restent les plus vulnérables, encore une fois. Chez les adolescent-e-s, le taux de tentatives de suicide de jeunes âgés de 12 à 19 ans concernés par l'homosexualité, la bisexualité ou la transsexualité est de 28 %, soit sept fois plus élevé que celui des filles et des garçons hétérosexuels (4 %)[82].

Les croyances véhiculées par la publicité jouent un rôle fondamental dans la diffusion d'une culture sexiste, qui rend acceptables des discriminations et encourage la reproduction des schémas domestiques, sentimentaux et sexuels fondés sur l'hégémonie masculine.

Les revendications féministes de libre disposition de leur corps par les femmes et de la libération sexuelle ont été transformées par la culture de masse. Au travers de la publicité, on peut voir que la société a pris en compte les désirs de changement des femmes, tout en donnant finalement « des réponses en parfaite conformité avec le respect de l'ordre établi[83] ». L'idéologie de la Beauté représente un concept très puissant pour contrôler les femmes. On peut voir ces images de beauté féminine comme une arme politique contre l'émancipation des femmes. Pour certaines, « le mythe de la beauté » se substitue habilement au pouvoir de coercition sociale envers les femmes qui utilisait la maternité, la domesticité, la chasteté et la passivité[84].

La publicité et ses images nous font croire et nous font obéir. Rappelons encore que l'esthétique et les pratiques publicitaires sont reprises par la « communication » institutionnelle et les campagnes associatives sans être remises en question.

Il faut dénoncer l'obligation sociale, relayée par la publicité, qui est faite de se conformer aux codes culturels de la féminité et de la virilité. La consommation des produits du marché de la Beauté montre que notre identité de femme ou d'homme est construite par nos pratiques corporelles (que ce soit par la mode ou par le régime amaigrissant). Dans toute la société, mais aussi dans la publicité, il est donc indispensable de s'attaquer à ces mythes qui ne permettent pas de prendre la mesure des violences sexistes et de démonter la construction des genres féminins et masculins. Ce sont les conditions pour construire l'égalité.

CHAPITRE V

LUTTER CONTRE LE PUBLISEXISME

« Toute démarche qui met obstacle à leur prétention dominatrice [des publicitaires] devrait être accueillie avec reconnaissance non seulement par les féministes, mais par toutes les femmes, du moins par celles qui refusent de se laisser mener à la baguette, fût-elle ornée d'un diamant. »
Simone de Beauvoir [1]

Depuis le XIXe siècle, époque où elle s'est industrialisée, la publicité a été assez peu critiquée, comme le souligne le spécialiste de l'histoire des images Laurent Gervereau. « Nous nous apercevons, en regardant le siècle passé, que la propagande a, en fait, suscité plus d'attaques, de contre-propagande (parfois clandestines ou extérieures) que la publicité n'a provoqué de rejets » écrit-il [2]. Parmi les penseurs qui ont critiqué la publicité citons le philosophe Henri Lefebvre, en 1947 [3], le sociologue Jean Baudrillard [4] ou encore l'écrivain François Brune [5]. Parmi les groupes politiques qui ont dénoncé la publicité, en France, depuis les années 1960, on compte notamment des militants écologistes et des militantes féministes, en particulier celles du mouvement des femmes des années 1970-1980. Plus récemment sont apparus des groupes spécialisés dans la lutte contre la publicité. Tous ont montré que malgré sa puissance de frappe, il reste possible de contester son pouvoir et ses mécanismes par de multiples moyens.

CRITIQUER

Si la publicité a peu fait l'objet de critiques au cours de son histoire, au vu de son ampleur, c'est sans doute parce qu'elle est fondée sur un rapport de séduction et sur une forme de manipulation. L'un des premiers actes de résistance à la publicité consiste donc à la considérer avec sérieux et à prendre du recul pour sortir de son emprise. François Brune estime ainsi qu'il faut en passer par le « devoir d'iconoclastie », pour lutter contre la société de consommation. Cela consiste, pour chacun, à « briser ce système d'images partout où on le voit sévir, à en démystifier les séductions, et pour commencer, à en cesser l'absorption[6] ».

Dans les années 1960, les situationnistes ont été parmi les premiers à démystifier la publicité. Ils considéraient qu'elle était l'une des dimensions de la « société du spectacle ». Constituée par la culture, les médias, la politique, la société du spectacle se caractérise par l'absence de participation sociale, par le rôle passif qu'elle nous impose. Pour les situationnistes, il existe deux types de sociétés du spectacle. Il y a celles où le spectacle est « concentré » car il n'existe qu'une seule idéologie et un seul type d'images auxquelles on doit s'identifier : ce sont les régimes totalitaires. Dans les sociétés dites démocratiques où les images sont multiples et omniprésentes, le spectacle est « diffus » : il existe un choix mais toutes les options possibles se ramènent finalement à la même chose partout, dans les magasins comme en politique. Notre société de consommation appartient à la seconde catégorie. Elle produit une frustration et nous trouvons une compensation affective dans le fait de nous identifier aux images du « spectacle », dont fait partie la publicité. C'est ainsi que dans une vie quotidienne monotone et parfois ennuyeuse, la publicité nous apporte une vie par procuration. Les « situs » ont aussi souligné que la publicité diffuse non seulement des stéréotypes mais aussi des rôles sociaux, c'est-à-dire des modèles de comportement : une façon d'exprimer ses émotions, par exemple. La publicité nous incite à modeler notre façon d'être sur les rôles qu'elle montre. Ainsi s'effectue un conditionnement des modes de vie et des manières de penser, de se représenter soi-même et d'être en relation avec les autres. L'action des situationnistes contre la société du spectacle en passait par la création de « situations » dans l'espace public qui devaient sortir les gens de leur passivité.

Pendant les luttes politiques autour des questions du travail, de l'autoritarisme, de l'écologie dans les années 1970, la publicité est ciblée ponctuellement (par exemple dans le journal écologiste et contestataire *La Gueule ouverte*, en 1973).

Les années 1990 voient la naissance de revues critiques de la publicité, comme *Adbusters* au Canada qui a notamment lancé la « Journée sans achat », ou *Casseurs de pub* en France : toutes deux pratiquent une résistance culturelle qui passe par une production graphique qui parodie les publicités. L'ouvrage *No Logo, la tyrannie des marques* de Naomi Klein [7], largement diffusé dans le monde à partir de 2001, constitue un tournant car il a popularisé l'analyse critique des marques et de leurs stratégies et l'action des groupes de résistance face à elles. Actuellement, dans l'Hexagone, des collectifs mobilisés contre la publicité (tels que Paysages de France, Résistance à l'agression publicitaire, les Déboulonneurs, etc.) dénoncent la pollution des paysages par la publicité, les dégâts de l'idéologie consumériste et défendent la réappropriation de l'espace public.

Depuis une dizaine d'années, plusieurs groupes féministes (dit de la « troisième vague » du mouvement féministe) se sont attachés à attaquer la publicité sexiste. L'association Mix-Cité (et les groupes de son réseau) a, entre autres, mené des actions contre des campagnes publicitaires. L'une des ses initiatives les plus retentissantes a été la manifestation organisée en 1999 contre les mannequins vivantes exposées dans les vitrines des Galeries Lafayette à Paris ; l'association avait réussi à obtenir l'arrêt de cet événement publicitaire.

Des groupes féministes mixtes ont décidé de développer une lutte spécifiquement contre ces publicités. Le réseau contre la publicité sexiste La Meute, créé en 2000, cible particulièrement la dimension dégradante et déshumanisante des images publicitaires sexistes. Son manifeste revendique le respect : « Non, le corps humain n'est ni un objet ni une marchandise. Oui à la sexualité – dialogue de désirs entre des personnes ! Oui au respect de la personne humaine ! » Constitué un an plus tard, à Paris également, le Collectif contre le publisexisme développe une approche radicale. En questionnant le sens et la fonction de la publicité sexiste dans notre société, il veut montrer qu'elle est un rouage d'un système dans lequel le groupe des femmes est dominé et exploité par le groupe des hommes, le patriarcat. Il s'attache à dénoncer le caractère idéologique de ces images.

La diffusion d'articles de presse est une manière de poser le problème de ces images et d'analyser en profondeur en quoi elles sapent les efforts vers l'égalité entre les sexes et entre les orientations sexuelles. Au cours des années 1970 et 1980, les groupes du mouvement des femmes ont fait paraître de nombreux textes à ce sujet. La dénonciation de la publicité comme instrument du patriarcat est un thème qui revient sous la plume des militantes dans leurs journaux (*Le torchon brûle, Bécassines en lutte...*). Les graphistes militantes s'amusent aussi à détourner ces images. En 1975, alors qu'est proclamée « l'année internationale des femmes » par le gouvernement, le groupe d'artistes Femmes en lutte, qui travaille sur l'image des femmes dans la publicité et leur représentation dans l'art, dénonce les représentations qui sont faites des femmes et de la famille. Dans la presse grand public, des journalistes aussi s'insurgent contre les publicités sexistes, comme Claude Sarraute dans les années 1980, qui exprime sa colère face aux clichés publicitaires de la ménagère et de la femme-objet[8]. À la même époque, le journal humoristique féministe *Les Folles Alliées* brocarde des publicités sexistes et propose des contre-publicités sexistes où les hommes sont à leur tour traités comme des objets (1983). Dans *Marie pas Claire*, mensuel féministe des années 1990, plusieurs articles paraissent sur le sujet : « Tant qu'il y aura des pubs » (mars 1993), « L'ère des hommes-objets » (1999). Aujourd'hui, la revue féministe belge *Scumgrrls* épingle régulièrement des campagnes sexistes et le trimestriel *Offensive* a abordé plusieurs fois ce sujet dans ses pages.

Réactions des publicitaires

Comment les publicitaires réagissent-ils à ces différents groupes qui attaquent leur production ? Face aux critiques virulentes contre la publicité, ils ont plusieurs types d'arguments. Ils commencent en général par en appeler à la liberté d'expression. Revendiquer une liberté politique alors qu'il s'agit de markéting est habile. Cela permet aux publicitaires d'assimiler leur production à l'expression d'une opinion personnelle (ou d'une information). Ils peuvent ainsi soutenir que toute volonté de contrôle de ces messages commerciaux relèverait de la censure. Ce qui est contradictoire, c'est que les publicitaires vont mépriser les réactions des « anti-pubs » parce que ce sont seulement des opinions personnelles d'individus vus comme isolés et non représentatifs.

Une autre réaction des publicitaires est de se dérober à leurs responsabilités en prétextant que la publicité reflète seulement la société. Les créatifs des agences se borneraient à renvoyer la réalité qu'ils constatent autour d'eux, comme de simples miroirs. Attaquer le sexisme des images qu'ils produisent équivaudrait à les prendre pour des boucs émissaires, puisque la société est sexiste. Ils refusent ainsi de reconnaître que la publicité construit les consciences et, par conséquent, joue un rôle non négligeable dans la construction de la société.

Au moment des actions massives des activistes anti-pubs dans le métro parisien en 2003 et 2004, l'écrivain Robert Redeker a repris dans une tribune du *Monde*[9] d'autres arguments chers aux publicitaires. La critique globale de la publicité serait une « haine de la gaieté » : car la publicité apporterait la gaieté. Robert Redeker réfute l'idée que la publicité est une propagande, car toute propagande est grise et morne, alors qu'au contraire la publicité est haute en couleurs. Il accuse les anti-pubs de vouloir revenir à « la tristesse des pays socialistes » qui « se remarquait en particulier dans l'absence de publicité sur les murs et dans les médias ». Vouloir la disparition de la publicité, ce serait vouloir le retour au stalinisme...

Citons également les arguments de l'écrivaine Élisabeth Badinter, l'une des actionnaires principales du groupe Publicis et membre de son conseil de surveillance. Elle a pu les avancer en 2003, au moment où Métrobus, filiale dePublicis, poursuivait en justice 62 personnes pour avoir « barbouillé » collectivement des affiches du métro parisien, leur demandant près d'un million d'euros (sic). Interpellée par les Amis de la Terre, Élisabeth Badinter répondit en rendant « grâce à la liberté du commerce et de l'industrie » gage de démocratie, et avança l'argument classique de la « liberté » du consommateur qui « sait très bien choisir ce dont il a besoin [10] ». Soulignons que l'écrivaine féministe qui a déconstruit le mythe de l'instinct maternel a toujours négligé la lutte contre la publicité sexiste – alors que sa société, Publicis, a signé des campagnes particulièrement sexistes.

Les publicitaires répondent également aux critiques en mettant en avant l'existence d'une éthique professionnelle censée constituer un garde-fou. Au fil des années, ils ont en effet mis en place un « dispositif d'autodiscipline ». Fondé dans les années 1950, le Bureau de vérification de la publicité (BVP), aujourd'hui disparu, réunissait des annonceurs, des agences de publicité et d'autres acteurs de l'industrie publicitaire. Il avait pour but « de mener dans l'intérêt du public – notamment des consommateurs – une action en faveur d'une publicité loyale, honnête et véridique ». Suite à la demande de la secrétaire d'État aux Droits des femmes en 1975, le Bureau de vérification de la publicité publiait un rapport annuel sur son éthique. En 2007, le BVP a laissé la place à l'Autorité de régulation professionnelle de la publicité (ARPP), qui publie également un rapport annuel, intitulé « La publicité et l'image de la personne humaine ». Parmi l'ensemble des publicités (presse et affichage) diffusées en France, l'ARPP pointe du doigt celles qui lui semblent manquer aux « recommandations éthiques ». Ces recommandations-ci sont rédigées par l'ARPP elle-même et sont censées être prises en compte par les publicitaires. Parmi ces conseils, on trouve, par exemple : « Ne pas porter atteinte à la dignité humaine ; ne pas porter atteinte à la décence ; ne pas réduire la personne humaine à la fonction d'objet ; ne pas présenter ou induire de stéréotypes dénigrants ; ne pas induire une idée de soumission (et de domination, *a contrario*) ou de dépendance (et d'exploitation, *a contrario*) dévalorisant la personne ; ne pas présenter de violence, qu'elle soit morale ou physique[11]. »

Ces principes sont insatisfaisants du point de vue féministe. L'emploi du terme de « dignité humaine », en particulier, s'avère flou et très subjectif. Le jugement peut grandement varier selon la conception que l'on a de la « dignité féminine ». Le respect de la « décence » laisse aussi perplexe : sur quelle morale s'appuie-t-on ? Une morale pudibonde qui ne tolère aucune nudité ? Ou une morale d'abord soucieuse d'égalité qui trouve indécentes les images d'humiliation (qui n'ont pas nécessairement à voir avec le corps dénudé) ? Selon l'ARPP, les atteintes à la décence, ce sont les représentations d'actes sexuels suffisamment explicites pour risquer de choquer les enfants, mais aussi des références explicites à des pratiques de type « triolisme » ou échangisme. En dehors de ces contextes précis, la seule nudité ou la sensualité « n'est pas visée ». Ainsi, une campagne de l'association de lutte contre le sida Aides (2008), montrant le dessin de deux animaux s'envoyant gentiment en l'air, a pu être jugée contraire à la décence par l'ARPP[12]. On peut aussi se demander pourquoi seuls « les stéréotypes négatifs » sont visés. Doit-on en déduire qu'une publicité qui exploiterait le stéréotype de l'homme noir « qui a le rythme dans la peau » serait acceptable ? Qu'ils soient ou non positifs, les stéréotypes participent à la discrimination.

Au-delà de la teneur des conseils donnés par l'ARPP aux publicitaires, on peut douter de la bonne foi des auteurs de ce rapport annuel et de l'utilité de ce document. En effet, en 2008, sur 90 000 visuels publicitaires, seulement 46 ont été jugés comme allant à l'encontre des recommandations définies. Ce nombre est étonnamment bas si l'on songe à la masse d'affiches qui « réduisent la personne humaine à la fonction d'objet » que l'on peut voir dans la rue, en une seule journée.

Par ailleurs, les publicitaires font mine de répondre aux attentes des femmes, en affichant un pseudo-féminisme intéressé. Cela se traduit par la récupération des critiques et des luttes féministes. Cette récupération est en parfaite cohérence avec les méthodes des concepteurs publicitaires qui empruntent bien plus qu'ils n'inventent. Ils ont l'habitude de récupérer toute idée contestataire, toute lutte d'émancipation, en la vidant de son sens. Comme l'explique un historien des images : « En un siècle, la publicité a récupéré tous les genres picturaux traditionnels, du paysage au mythe antique, de la nature morte au nu, de l'image religieuse à la scène d'histoire, du simple motif décoratif au portrait. [...] Elle a même repris les images et les slogans des diverses propagandes politiques du XXe siècle [13]. » Pour les publicitaires, la récupération présente l'intérêt de faire passer un slogan commercial pour de la politique, et ainsi de brouiller les pistes. La récupération des arguments féministes produit un discours sexiste particulièrement pernicieux. Les campagnes pseudo-féministes sont presque un genre à part entière : elles flattent la fibre rebelle de madame-tout-le-monde pour mieux faire passer un discours et des valeurs souvent 100 % sexistes. Voici un aperçu de certaines campagnes « mémorables » ayant exploité ce filon.

Dès 1929, aux États-Unis, un publicitaire travaillant pour la Compagnie américaine des tabacs récupère la lutte des suffragistes qui militaient pour le droit de vote des femmes, en associant le fait de fumer et de s'affranchir des règles. La cigarette est devenue un symbole d'émancipation dans cette opération appelée « les flambeaux de la liberté[14] ». En 1979, une publicité pour le quotidien *Le Figaro* affirme : « la condition de la femme change, notre journal aussi ! », en regard d'une scène où les rôles ont été inversés : autour de la table du petit-déjeuner, un homme à la mine ahurie regarde une femme l'air très sérieux, plongée dans ledit journal, cigarette à la main.

La Journée internationale des luttes des femmes donne lieu à des campagnes publicitaires qui tentent de faire du 8 mars un événement commercial supplémentaire. Toute l'année, de nombreuses publicités prétendent défendre le « pouvoir d'achat » des femmes et « démocratiser » la Beauté. La marque de cosmétiques Yves Rocher (2008) utilise le dessin de manifestantes réclamant « la beauté pour toutes » et brandissant des pancartes qui disent « belles oui, ruinées non ». Un autre de ses slogans est : « Une femme belle est une femme libre (de choisir ses produits de beauté au meilleur prix). » Le fabricant de cosmétiques prétend répondre à la demande des femmes, dont la préoccupation majeure serait de devenir belle – comme si elles ne subissaient pas un conditionnement avec la publicité. Instrumentaliser les revendications sociales permet de faire croire que l'industrie de la Beauté se contente de répondre à un désir « naturel » des femmes.

L'enseigne de cosmétiques Body Shop (1998) a de son côté critiqué la dictature de la minceur dans une publicité avec la photo d'une poupée mannequin aux mensurations plus proches de celles de la femme moyenne que de Barbie. L'argumentaire publicitaire consiste à condamner un modèle unique de Beauté pour inciter à acheter des produits… de beauté. L'argument évolue, mais pas l'objectif: persuader les femmes qu'elles doivent se préoccuper avant tout de leur apparence.

Pour couronner le tout, il existe des campagnes publicitaires qui prétendent lutter contre le matraquage publicitaire lui-même. La marque Dove (vers 2005) a mené une campagne qui se voulait respectueuse de sa cible markéting. Les mannequins avaient des particularités physiques tout en étant présentées comme «belles»: l'une très âgée, l'autre ronde, et une autre encore avec de petits seins. Il s'agit de séduire la cliente, en lui promettant, cette fois, de lui donner du respect. Au lieu de culpabiliser la consommatrice de ne pas être jeune-mince-et-belle, on la culpabilise de ne pas sublimer ses rondeurs, ses rides ou ses petits seins. Cette initiative apparemment «révolutionnaire» s'appuie sur une étude de marché qui montre que la majorité des femmes ne se trouvent pas «belles» et trouvent par ailleurs l'image que la publicité donne des femmes très critiquable [15]. Face à ce mécontentement, la marque de cosmétiques a revu sa stratégie de markéting. En 2006, elle lance un spot qui démystifie la Beauté en montrant en accéléré les étapes nécessaires pour transformer une jeune femme ordinaire en icône de beauté. Un an plus tard, un autre spot dénonce ouvertement le matraquage médiatique de l'industrie de la Beauté et ses effets sur les petites filles, tout en enjoignant les parents à «parler» à leur fille. Ces vidéos de markéting viral sont assez habiles (leur logo est plutôt discret) [16]. Et leur discours pseudo-féministe peut faire croire que la marque est «du côté des femmes», tout en coupant l'herbe sous le pied de ceux et celles qui critiquent le publisexisme. Quand l'industrie de la Beauté prétend lutter contre l'industrie de la Beauté, la manipulation atteint son comble. Une propagande commerciale défend d'abord les intérêt économiques d'une marque : elle n'est pas en mesure de donner des leçons d'émancipation.

Des publicités féministes ?

Toujours est-il que certain-e-s peuvent se laisser convaincre et trouver que ces publicités sont féministes. Des groupes féministes qui mettent en lumière les pires exemples de publicités sexistes en leur attribuant un prix ont aussi décidé de valoriser des campagnes jugées non sexistes. Le Conseil du statut de la femme au Canada a été l'un des premiers à adopter cette démarche en 1979 : il décerne le prix Déméritas aux publicités les plus sexistes, mais aussi le prix Éméritas pour les publicités les plus positives (celles qui valorisent la personnalité des femmes, par exemple). Au Japon, la Fondation des femmes de Tokyo décerne aussi un prix de la « publicité non agressive envers les femmes » depuis 1992 [17]. En France, l'Association des femmes journalistes a repris cette initiative en 1998, avec le prix de la publicité la moins sexiste. L'ambition est de « sensibiliser le public et les professionnels à l'intérêt pour toute la société d'une image positive des femmes ». Entre 2003 et 2009, La Meute contre la publicité sexiste, qui épinglait la publicité la plus machiste de l'année, saluait aussi celle « qui rompait le mieux avec des stéréotypes sexistes ». Pour certaines, des publicités peuvent donc être jugées « féministes ».

Cette position donne matière à débat. Une campagne qui expose des images de femmes un peu plus rondes que les mannequins classiques est-elle à ce point héroïque ? Est-il satisfaisant de récompenser les publicitaires qui renoncent aux stéréotypes sexistes ? Peut-on compter sur eux pour produire des images plus égalitaires ? Le Collectif contre le publisexisme estime de son côté que les publicités qui montrent des femmes plus corpulentes constituent en fait un bel exemple de récupération[18]. La publicité peut-elle être subversive? Cela paraît difficile. En effet, la diffusion à grande échelle des messages publicitaires a pour effet de produire des stéréotypes. Même si ce sont de nouveaux stéréotypes, cela n'est guère émancipateur[19]. Sauf à considérer que l'émancipation puisse passer par la consommation et l'achat irréfléchi, on peut donc penser que lutter contre le publisexisme revient à lutter contre le système publicitaire dans son ensemble.

Au passage, signalons que certaines campagnes se veulent de vraies ripostes aux critiques féministes. La marque de chocolat Suchard, avec sa campagne «Le retour du plaisir» (vers 2008), veut sous-entendre que les féministes mèneraient une croisade puritaine contre les représentations de la nudité. Les affiches montrent en gros plan un rocher en chocolat avec le slogan: «Dieu merci on peut encore montrer un rocher nu.» Dans le même état d'esprit, la marque de chaussures Eram (vers 2003) a imaginé les publicités d'un monde où l'on ne pourrait plus «exploiter» l'image des femmes. La série d'affiches mettait en scène une chaise chaussée d'escarpins, une autruche affublée de bottines et un homme nu «viril» en talons aiguilles. Le slogan («aucun corps de femme n'a été exploité dans cette publicité») fait référence à l'assurance donnée au public de cinéma qu'aucun animal n'a été maltraité lors du tournage. Le message implicite est qu'une publicité qui n'exploite pas le corps féminin serait absurde: les images de femmes-objets seraient donc irremplaçables.

Réclamer

L'une des manières de critiquer publiquement la publicité est de faire part de son désaccord aux annonceurs. Pour protester contre une publicité sexiste, on peut écrire à l'annonceur ou à l'agence publicitaire pour se plaindre, demander une justification ou manifester son rejet. Dans les années 1970, aux États-Unis, le groupe Women's Liberation distribuait déjà une lettre type pour inciter ses membres à écrire aux annonceurs utilisant des publicités sexistes[20]. Des revues féministes donnent les coordonnées complètes des annonceurs pour que leurs lecteur-rice-s fassent part de leurs doléances. C'est le cas du magazine américain *Ms*, qui publie aussi les publicités sexistes envoyées par son lectorat. Parfois les annonceurs répondent aux attaques, mais à côté du sujet. C'est le cas, par exemple, quand ils expliquent que les mannequins photographiées sont « en bonne santé » ou qu'ils se font un point d'honneur à mettre en valeur la « diversité » des types de beauté (comme dans une réponse de l'enseigne de vêtements H&M[21]).

En France, il est possible d'envoyer une plainte officielle au Jury de déontologie publicitaire (JDP), chargé de garantir l'éthique publicitaire. Cet organisme créé en 2008 et lié à l'ARPP « a pour mission de statuer sur les plaintes du public à l'encontre de publicités diffusées ». Ses membres sont censés être neutres et ne pas avoir « de liens directs avérés » ni avec les publicitaires, ni avec « des groupes de défense d'intérêts ». Pourtant, ils sont nommés par l'ARPP qui le finance et assure son fonctionnement. Cette structure dite indépendante dépend donc du milieu publicitaire qu'elle est censée contrôler.

Que se passe-t-il lorsque l'on envoie une plainte à l'ARPP ? Le Jury de déontologie publicitaire (JDP) traite le dossier – théoriquement en moins d'un mois (un temps relativement long, par rapport à la durée de certaines campagnes). Pour être recevable, une plainte doit porter sur une publicité clairement identifiée et diffusée en France au cours des trois derniers mois. Elle doit se référer impérativement aux « règles déontologiques de la profession ». La façon dont les plaintes sont traitées pose question, car la majorité d'entre elles sont généralement écartées avant d'être examinées. Sur l'année 2008-2009, par exemple, sur environ 500 plaintes reçues, seulement 71 ont été étudiées et quatorze d'entre elles ont été mystérieusement « réglées à l'amiable ». Finalement, 57 demandes ont été « réellement » examinées (elles portaient sur 35 campagnes). Dix-huit de ces plaintes étaient liées à des « dispositions relatives à l'image de la personne humaine ».

Face aux plaintes, les membres du JDP décident s'il y a ou non « manquement aux règles de déontologie » (l'annonceur peut alors être présent pour se défendre). En cas de manquement constaté, le Jury de déontologie publicitaire peut théoriquement demander à l'ARPP d'enjoindre à l'annonceur de « retirer sa publicité », mais il n'y a aucune obligation. Il peut également interdire de rediffuser la campagne en l'état. Le Jury de déontologie publicitaire affirme que la pire des sanctions n'est pas « la cessation de diffusion », mais « l'atteinte à la réputation des professionnels concernés ». Les décisions sont publiées sur le site Internet du JDP, et peuvent donner lieu à un communiqué de presse, voire à la publication d'un encart dans la presse. Un spot Internet pour une marque de vêtements a ainsi été épinglé par le JDP, en 2011, à cause de la maigreur jugée « excessive » d'une des modèles (censées être des personnes ordinaires[22]). Le JDP a considéré les plaintes reçues comme légitimes. Et la marque a annoncé avoir retiré toutes les images « litigieuses » de son site Internet.

Si les autorités de l'ARPP et du JDP se présentent comme les garantes d'une forme d'autodiscipline des publicitaires, et comme les relais des citoyens auprès d'eux, dans les faits, les sanctions et les retraits de campagnes choquantes sont rares. En réalité, on ne peut pas compter sur le Jury de déontologie publicitaire pour relayer efficacement les plaintes auprès des publicitaires. Il faut déplorer la lourdeur administrative de la procédure et l'obligation de conformer sa plainte à des critères non seulement discutables mais qui ne sont pas réellement pris en compte par les publicitaires eux-mêmes. On peine donc à croire que cette entité soit autre chose qu'une usine à gaz.

Des groupes féministes ont mené des actions collectives auprès de responsables de publicités sexistes. La plus notable est celle de l'Association européenne contre les violences faites aux femmes au travail (AVFT), menée entre 1992 et 1995. À coup de pétitions, de lettres signées par des dizaines d'associations et d'individus, et de communiqués de presse, elle a interpellé les responsables de sept campagnes publicitaires, dont le Bureau de vérification de la publicité, les régies publicitaires (comme celle des transports parisiens qui loue les espaces publicitaires) et les supports de presse (dont le journal *Le Monde*). L'AVFT demandait le retrait de l'affiche ou de la campagne, la rédaction d'un code de déontologie, des excuses, ou une réparation financière. Elle a également menacé les annonceurs du boycott de leur produit. Dans certains cas, outre des promesses de ne plus recommencer de la part des marques, elle a obtenu la modification d'une campagne (de la banque Barclays, 1994). Dans le bilan de son action, l'association souligne à quel point l'autorégulation des publicitaires est une tromperie ; elle incite à refuser d'y recourir. Vu l'inefficacité du principe d'autodiscipline des publicitaires, elle concluait à la nécessité d'une loi qui permettrait de pénaliser « en ce qui concerne les deux sexes, les représentations visuelles qui incitent au harcèlement sexuel, à la prostitution, à la violence, au viol[23] ».

On le voit, les manières de faire entendre son désaccord avec les publicités sexistes existent. Critiquer le publisexisme permet d'affirmer la nature politique de ce phénomène, et de mettre en exergue son rôle dans la domination sociale. Cela permet de pointer le rôle des responsables, en particulier les agences qui conçoivent les publicités, les annonceurs qui les achètent et les médias qui louent leurs espaces publicitaires pour les diffuser. Les critiques publiques contre la publicité révèlent aussi les résistances importantes de ces protagonistes. Surtout, la critique ouvre la possibilité de la refuser et d'agir plus directement à différents niveaux.

AGIR

L'idée d'une loi qui permettrait de prévenir et de sanctionner les publicités sexistes est perçue par beaucoup comme une nécessité. Selon Florence Montreynaud, la fondatrice de La Meute, seule une loi permettrait d'avoir recours à la justice contre les abus des publicitaires. L'idée n'est pas de créer une loi spéciale pour les publicités, mais une loi antisexiste globale qui comprendrait des mesures permettant d'encadrer la lutte contre les images sexistes de la publicité. Déjà en 1974, la Ligue du droit des femmes demandait le vote d'une loi faite sur le modèle de la loi antiraciste du 1er juillet 1972. Cet outil juridique pour limiter les atteintes sexistes contre les femmes comprenait des dispositions concernant les images sexistes dans les médias, dont la publicité.

Cette loi a failli voir le jour dans les années 1980, au moment du débat médiatique déclenché par la campagne de l'afficheur Avenir en 1981 (voir le chapitre I). Dans ce contexte, les collectifs et les associations féministes (Choisir, dirigé par Gisèle Halimi et la Ligue du droit des femmes, notamment) avaient demandé l'adoption d'une loi antisexiste. En 1983, Yvette Roudy, alors ministre des Droits de la femme, a présenté un projet de loi antisexiste, basé sur le projet de 1974. Ce texte contenait des dispositions permettant à des associations féministes de se porter partie civile en cas de discrimination dans la vie quotidienne, et d'avoir un recours face à des écrits ou à des images sexistes (dont la publicité). Ce projet de loi a fait couler beaucoup d'encre, provoqué des débats animés et suscité des réactions misogynes haineuses. Nombre de journaux, de télés et de radios l'ont attaqué – ce n'est guère étonnant puisque leurs revenus dépendent en grande partie des publicités. On a prétendu que ce texte portait atteinte à la liberté de création, qu'il s'agissait d'une attaque contre le « droit au fantasme » de la population, et même d'une guerre contre les images en général. Le projet a été défendu par des associations et des groupes féministes (et antiracistes) et de nombreuses féministes, dont Simone de Beauvoir qui a pris position, notamment dans le journal *Le Monde* (voir en annexe p. 196). L'auteure du *Deuxième Sexe* soulignait que l'agitation antiféministe dans les médias avait une signification essentiellement politique.

Dans le cadre de ce débat, une campagne de communication a été lancée par la Ligue du droit des femmes pour soutenir l'adoption de la loi antisexiste. Une « pub anti-pub sexiste » parut ainsi dans plusieurs journaux à grand tirage (*France-Soir*, *Libération* et *Le Monde*, notamment). La photo montrait un jeune homme revêtu d'un costume de *Bunny Girl* habituellement porté par les serveuses des clubs Playboy et tenant un plateau. En inversant les rôles, la campagne montrait ce que nous ne voyons jamais : des hommes-objets, dans la même situation de soumission que les pin-up sexy. Le slogan (« pas touche à l'image de l'homme ») disait qu'il est choquant de voir un homme ravalé au rang d'objet sexuel. Le texte accompagnant l'encart expliquait que cela devrait être aussi choquant quand il s'agit d'une femme. Il précisait que le projet de loi allait « donner aux femmes la possibilité de dire elles aussi "Pas touche à mon image !" » Le projet de loi d'Yvette Roudy, adopté en conseil des ministres le 9 mars 1983, a été retiré et ne sera jamais voté.

En 1985, deux lois isolées sont votées : l'interdiction de refuser l'embauche à une femme (ou à un-e homosexuel-le) présentant les qualifications requises, et la possibilité pour des associations féministes de se porter partie civile. La poursuite des auteurs des injures sexistes est rendue possible si celles-ci incitent à la haine, mais il n'existe pas de loi pour permettre au public de contrer des publicités jugées nocives.

Vingt ans plus tard, vers 2000, un autre débat a lieu suite à une vague de campagnes volontairement choquantes émanant de marques de luxe (baptisée « porno chic » par la presse). Face aux protestations soulevées par ces images, l'État a dû se positionner à nouveau sur le sujet. La secrétaire d'État aux Droits des femmes et à la Formation professionnelle, Nicole Péry, commanda un rapport sur l'image des femmes dans la publicité (remis en 2001 par Brigitte Grésy). Ce texte préconisait surtout de revoir les recommandations données par le Bureau de vérification de la publicité (BVP) aux publicitaires.

Le texte qui réglemente le contenu de l'affichage et de la presse (loi du 29 juillet 1881 sur la liberté de la presse) condamne depuis 2004 également la « provocation à la discrimination, à la haine ou à la violence à l'égard d'une personne ou d'un groupe de personnes » en raison de leur sexe et de leur orientation sexuelle. On ne connaît pas encore de cas de procès d'annonceurs ou de publicitaires en France. Par contre, en 2007, la justice belge a prononcé, pour la première fois, une condamnation d'une publicité misogyne. La société de location de DVD Home Entertainment Services avait présenté un canular sous forme de spot publicitaire de mauvais goût dont le titre était « Rent a wife » (« louez une épouse ») : on y voyait un client recevoir un carton contenant... une femme au physique de « poupée », puis la retournait à l'envoyeur avant d'en commander une autre[24]. Sous couvert de ce qui ressemble à une « bonne vieille blague misogyne », ce spot faisait une sorte d'apologie de la traite de femmes.

Réagir directement

En plus d'interpeller les publicitaires et les annonceurs, on peut aussi mener une action dans l'espace public contre ces images sexistes pour pointer leur caractère politique et critiquer leur contenu. L'espace public, c'est d'abord la rue. Depuis les années 1970, de nombreux groupes féministes y sont descendus, pour exprimer leur critique à l'aide de tracts expliquant comment le discours présent dans ces images instrumentalise les femmes.

Aujourd'hui des groupes se mobilisent contre des événements commerciaux annuels, comme la période de Noël, et plus seulement contre des publicités ponctuelles. Ainsi, à Paris, en 2002, le Collectif contre le publisexisme et Mix-Cité réalisaient une « agit-prop » en faisant un petit spectacle dans la rue, contre les publicités pour la fête des mères. La Saint-Valentin est aussi l'occasion de pointer du doigt la vague de publicités sexistes qui accompagne cet événement commercial. Le groupe des Panthères roses, Mix-Cité et le Collectif contre le publisexisme organisèrent une action sur ce sujet en 2004 et 2005, à Paris. Le groupe Elles bougent, à Liège en Belgique, se mobilise aussi régulièrement contre les publicités de la Saint-Valentin.

Recouvrir les publicités est une autre façon de s'exprimer dans l'espace public. C'est choisir de faire valoir son droit à répondre aux messages publicitaires qui s'imposent à nous quotidiennement. Face aux attaques visuelles des marques, c'est finalement une forme d'autodéfense immédiate. Comme l'écrivaient déjà les militantes des Marie pas Claire en 1995: «Puisque les représentants du patriarcat sont de si fervents capitalistes, ils ont de l'argent pour s'acheter des espaces d'expression. Le monopole de la parole ne doit pas leur revenir[25]!»

En inscrivant des commentaires ou en apposant des autocollants directement sur les affiches, on vient perturber le message publicitaire qui ne peut plus être perçu de la même façon. Le commentaire dévoile le mécanisme sur lequel reposent ces images, et permet de prendre en compte leur signification réelle. Quand, par exemple, une affiche se trouve ornée du slogan «femmes affiches, femmes potiches, on en a plein les miches» (un slogan des années 1970 toujours utilisé), on ne regarde plus la mannequin mise en scène comme une image purement esthétique. Quand une caricature de pin-up est agrémentée de l'expression «machorangina» (2008), la nature du discours publicitaire est mise en évidence. Le message des publicités est rendu lisible et en même temps dénoncé.

La méthode du détournement a été largement utilisée par les situationnistes, habitués à transformer les images de la société du spectacle, en y ajoutant un phylactère où apparaissait la pensée du personnage mis en scène. L'humour constituait là une véritable arme subversive. Cet art du détournement des publicités a aussi été appliqué contre le publisexisme. Au début des années 2000, le groupe Mix-Cité de Rennes réalisa ainsi une « contre-campagne » : quatre affiches originales imitaient une fameuse campagne publicitaire pour de la lingerie qui donnait des « leçons de séduction ». Des femmes ordinaires étaient photographiées en sous-vêtements accompagnées de phrases telles que : « Leçon n°2 : Lui faire comprendre que je ne suis pas un objet. »

Aujourd'hui, des actions individuelles ou collectives d'intervention sur les affiches sont organisées par différents groupes. Les uns-e-s collent des affiches de leur cru, préparées à l'avance, d'autres des autocollants reprenant des messages contestataires. Plusieurs groupes féministes ont édité des autocollants avec des slogans visant tout particulièrement les publicités sexistes : La Meute, « publicité sexiste, je n'achète pas ! » ; Mix-Cité, « cette image nuit à votre image » ; le Collectif contre le publisexisme, « Ni à prendre, ni à vendre, les femmes ne sont pas des objets ». Régulièrement, des groupes antipubs et des groupes féministes mènent des actions communes. À l'automne 2003, divers groupes étaient présents pour recouvrir les affiches des quais et des couloirs du métro parisien de commentaires incisifs. Le réseau Robert Johnson poursuit depuis plusieurs années ses opérations commando dans le métro, et remplace le contenu des panneaux publicitaires par des affiches aux messages subversifs. Dans le Var, à Toulon, des membres du groupe Tomate et du groupe antipub sexiste Vile-image masquaient des panneaux de quatre mètres par trois, au début des années 2000. À l'aide de papier peint recouvert de slogans, ils affichaient en grand « aujourd'hui pas de pub » ou « ceci n'est plus une pub ».

Le boycott des produits vantés par des publicités sexistes est un autre mode d'action. Le principe en est simple : une marque veut nous conquérir en surfant sur les clichés sexistes ? Veillons à ne jamais l'acheter. Dans les années 1970, des campagnes pour la marque de collants Dim ont provoqué de nombreuses réactions. Des militantes du mouvement des femmes de Lille, par exemple, ont lancé un appel au boycott des sous-vêtements, en 1976. En 2001 et 2002, le Collectif contre le publisexisme a mené plusieurs actions pour inciter au boycott de la marque de café Lavazza dont la campagne affichait des femmes-objets [26]. Dans un supermarché, les membres du collectif ont distribué des tracts déconseillant d'acheter le café en question.

Mener des actions directes, non violentes, contre les responsables des publicités est aussi une façon de remédier à l'impunité de ces messages sexistes. En mars 1978, déjà, le Groupe femmes MLF de Reims (le GRIF) a réagi contre une publicité qu'il jugeait encline à « inciter au viol », en allant devant la boutique qui avait commandé la publicité incriminée et en se rendant au siège du journal qui l'avait diffusée dans ses pages [27]. Actuellement, La Meute organise régulièrement des rassemblements devant les boutiques des enseignes responsables de campagnes sexistes, afin de faire pression sur ces dernières et d'attirer l'attention des médias.

Aller déranger les publicitaires dans leurs bureaux pour les interpeller et leur faire entendre les récriminations que suscitent leurs images paraît une riposte logique. L'objectif est de les mettre face à leurs responsabilités et d'instaurer un rapport de force politique, en leur demandant le retrait de la campagne concernée, ou de s'engager à ne plus produire de publicités sexistes. C'est aussi une manière de faire savoir que les publicitaires ne sont pas inaccessibles, à l'abri d'une tour d'ivoire. Si à chaque campagne sexiste qu'ils produisent, les publicitaires recevaient la visite tonitruante de groupes déterminés à faire entendre leurs critiques et à relayer ce débat dans les médias, ils hésiteraient peut-être à utiliser des visuels choquants.

Le Collectif contre le publisexisme s'est ainsi rendu au siège de l'agence Publicis pour réagir à deux campagnes successives en mai 2002 et en mai 2003[28]. L'agence Fred et Farid a de son côté reçu la visite en 2009 d'une trentaine de personnes venues lui rappeler le caractère inacceptable de sa campagne pour Orangina. Le mot d'ordre de cette occupation était : « Ils occupent notre espace public avec leurs pubs, nous occupons leurs bureaux ! »

Les protestations d'associations ou de collectifs ne sont pas systématiques, mais ont parfois pour résultat de faire retirer des campagnes publicitaires. La Meute contre la publicité sexiste a ainsi obtenu des annonceurs le retrait précoce de certaines affiches (avant la fin de la période prévue), dont celles de la campagne de Surcouf, en 2008. De même, l'association Act-Up Paris, qui a dénoncé un spot télévisé faisant de « l'humour » sur le dos des personnes transsexuelles, a obtenu le retrait de la publicité, en 2006[29]. En plus des cas déjà cités plus haut, signalons le retrait de campagnes de Sloggi(2003) et de Veet (2011).

Cela dit, ces retraits peuvent être considérés comme des victoires relatives : souvent la durée de diffusion de la campagne est simplement écourtée. En fait, les protestations et les batailles contre le publisexisme ne visent pas seulement à obtenir la suppression d'une publicité.

Leur ambition est aussi de provoquer le débat, de faire exister la critique. L'un des buts est surtout d'interpeller « l'opinion publique ». En pointant du doigt le phénomène du publisexisme, on le rend visible et on montre en quoi il est inacceptable. Il s'agit aussi de faire comprendre qu'il nous concerne tou-te-s, et qu'il a des effets sociaux significatifs. Comme toute action politique, la lutte contre la publicité sexiste veut inciter chacun-e à prendre position par rapport à cette question.

L'expérience a montré que dans certains pays, les luttes des féministes ont rencontré un écho qui a permis de freiner le développement du sexisme publicitaire. C'est le cas au Canada, où le Conseil du statut de la femme du Gouvernement du Québec s'est doté au début des années 1980 d'un code d'éthique pour les images publicitaires. Celui-ci stipule, par exemple, qu'« aucun des deux sexes ne doit être représenté sans nécessité comme un être faible ou inférieur ou montré dans un état de dépendance émotive à l'égard de l'autre sexe, ni représenté de manière à ce que ses capacités intellectuelles soient dévalorisées ». Des médias ont emboîté le pas à cette initiative féministe et se sont engagés à ne pas diffuser de publicités sexistes[30]. Aujourd'hui encore, au Québec, un grand nombre de groupes se fédèrent autour du problème du publisexisme. Une centaine d'organisations et de groupes nationaux et régionaux féministes se sont réunis au sein de la Coalition nationale contre les publicités sexistes (CNCPS) en 2008, pour « dénoncer des stéréotypes sexistes, sexuels et des images et des modèles irréalistes ». Même le milieu étudiant se mobilise sur cette question au travers de l'Association pour une solidarité syndicale étudiante (Assé), qui regroupe une vingtaine d'associations étudiantes. Depuis 2006, l'Assé mène des campagnes régulières contre la publicité sexiste, pour dénoncer les normes de Beauté « imposées par le marché capitaliste et patriarcal ». Elle a ainsi édité des autocollants qui disent « sale pub sexiste ! » (à plus de 70 000 exemplaires). En réussissant à imposer le publisexisme comme une question politique majeure dans l'espace social, les féministes québécoises ont pu concrètement limiter l'action des publicitaires. Là-bas, le sexisme publicitaire est moins intensif qu'en France, comme en témoignent les Québécoises en visite, généralement révoltées par le sexisme brutal des affiches sur les murs des villes françaises.

Au Japon également, les protestations contre le sexisme qui se sont élevées depuis 1975 ont rencontré un écho et permis de limiter ce phénomène visuel. Le groupe WGTAUN (*Women's group for taking actions of the united nation women's year*), en s'opposant aux publicités, a réussi à ouvrir un débat public et à obtenir le retrait de certaines campagnes (par exemple, une publicité pour un whisky qui faisait l'apologie des violences sexuelles, en 1989). Toujours au Japon, dix-huit associations participent à un observatoire des médias et sont chargées de faire pression sur les publicitaires. Concrètement, il semble que l'on observe moins de stéréotypes sexistes dans les publicités télévisées qu'en France [31].

Soulignons que la lutte contre l'emprise des stéréotypes sexistes au travers des publicités est mondiale, en réponse à la pieuvre publicitaire qui conquiert la planète. En Inde aussi, des féministes dénoncent la dictature de la minceur et l'imposition des rôles sociaux. Elles critiquent également la promotion de crèmes blanchissantes pour la peau et l'incitation à l'achat de bijoux pour fournir sa dot (la dot est la somme d'argent ou les biens que l'épouse apporte le jour de son mariage à son mari et sa belle-famille). Ces publicités sont d'autant plus pernicieuses que la dot est illégale en Inde. Par exemple, le centre de ressources féministes Sanhita, à Calcutta, organise des campagnes contre ces publicités depuis 2007, notamment en concevant des films militants.

Il faut répéter cette évidence : prendre la parole et protester est plus efficace que se taire et accepter. Les batailles autour d'une loi qui permettrait à des groupes féministes de se constituer en contre-pouvoir face à des publicitaires pratiquement tout-puissants montrent l'importance de l'enjeu du débat autour du publisexisme. Les actions passées et présentes des groupes qui luttent sur la question prouvent qu'il est possible de faire entendre largement les critiques, de peser sur le destin d'une campagne publicitaire et de la remettre en question. C'est au terme d'une mobilisation dans la durée que les féministes québécoises et japonaises ont pu obtenir des résultats concrets, et transformer le paysage médiatique de leur pays. Leur lutte souligne aussi que la mobilisation contre la publicité sexiste gagne à développer une culture critique.

S'ÉMANCIPER

Échapper au conditionnement publicitaire est indispensable dans le chemin de l'émancipation, en particulier pour les plus jeunes. S'émanciper, cela veut dire en finir avec une attitude de soumission ou d'indifférence, se positionner face à ces images qui nuisent à nos libertés et à l'égalité sociale. C'est aussi résister et apprendre à se défendre face à la propagande et à l'oppression qu'elle propage.

Face à la publicité, il importe d'en passer par un apprentissage de la lecture des images pour « sortir d'une consommation passive, en apprenant à voir[32]». Il est nécessaire de savoir identifier le contexte des images et leur provenance, en particulier sur Internet où règne l'amalgame. Déterminer la nature des images auxquelles nous avons affaire permet de distinguer les images publicitaires des autres productions médiatiques : clips vidéo, affiches de cinéma, etc. (qui réclament une critique quelque peu différente). De plus, les nouvelles méthodes publicitaires obligent à savoir identifier la publicité là où elle se camoufle (au cinéma, dans les magazines, dans les événements culturels, etc.). Laurent Gervereau invite à se méfier du flou pernicieux à propos de la nature de ce que nous voyons. Il incite également à repérer les images à double sens, à démasquer « ces images manipulatrices » qui se parent « du rire ou de la fiction, du désir ou de la répulsion, de la vertu ou du clin d'œil, et propagent autre chose ».

Comme le souligne François Brune, plutôt que de se contenter de les absorber, il faut réfléchir à leur signification. Prendre de la distance s'avère la seule attitude de défense possible face à une publicité que l'on n'a pas choisi de voir. « Le fond de cette attitude consiste à considérer que ce que l'on est en train de regarder n'est pas le spectacle d'une réalité existant en dehors de nous, mais bien un message construit qui s'adresse à nous[33]. » S'habituer à analyser le message permet d'adopter un vrai rapport distancié aux images. Il faut aussi en passer par l'examen critique, « car on peut très bien saisir le "sens" premier de l'image qu'on perçoit (ce à quoi elle renvoie) sans pour autant être capable d'un examen critique de ses connotations ambiguës ou de son usage idéologique[34]. » « Pour qui travaille l'image ? », voilà ce qu'il faut se demander.

Face à « l'ordre visuel patriarcal et marchand » que représente le publisexisme, il faut décortiquer les stéréotypes de la féminité et de la virilité, et déconstruire les mécanismes de la séduction publicitaire. « Savoir nommer ce que l'on voit et comprendre son attirance ou sa répulsion pour telle ou telle image » est essentiel, estime la chercheuse féministe Estelle Lebel. Nommer le sexisme publicitaire permet d'apprendre à le connaître et de le prendre pour cible. En ce sens, l'adoption du terme « publisexisme » (inventé par le Collectif contre le publisexisme en 2001) par des milieux très différents, depuis dix ans, indique que ce phénomène est davantage pris en compte. Des groupes comme Mediawatch, au Canada, ou About Face, aux États-Unis, concentrent leur action sur l'analyse du sexisme dans les médias et l'éducation des jeunes.

Selon la chercheuse Estelle Lebel, la réception des images (et des produits culturels) implique un conflit : « C'est la lutte constante pour définir la réalité entre les instances qui ont le pouvoir d'émettre et ceux et celles qui reçoivent [35]. » Cette lutte implique d'avoir une pensée critique et de créer du débat, en particulier auprès des jeunes. Pour donner des modèles positifs aux jeunes, il ne faut pas compter sur la publicité, mais s'atteler à des politiques volontaristes d'éducation et de prévention. Pour attaquer l'homophobie et encourager le respect des personnes perçues comme « déviantes » par rapport à leur genre, il faudrait des images (non marchandes) et sans doute davantage d'écrits, d'outils pédagogiques, de formations et d'espaces de débat.

Depuis longtemps, les groupes féministes ont mis au point des outils pour interpeller le public. Dès 1983, des expositions ont été réalisées, notamment celle de l'association Pub-Ligue (issue de la Ligue du droit des femmes présidée par Simone de Beauvoir) intitulée « Publicité, tu t'es trompée d'histoire d'amour » et présentée au Forum des Halles, à Paris. Subventionnée par le ministère des Droits de la femme, l'exposition fut inaugurée par Yvette Roudy[36].

Au Québec, dès 1979, le gouvernement a réalisé et diffusé une brochure pour apprendre au public à reconnaître les publicités sexistes et encourager à passer à l'action. Des associations ont développé des programmes éducatifs en direction des enfants et des adolescents pour leur donner des armes critiques face aux publicités et les pousser à développer leur propre estime d'eux-mêmes et le respect pour les autres[37]. Le groupe américain About Face a, lui, centré son travail depuis 1995 sur l'éducation féministe qui en passe par la critique des publicités. Il propose une grille d'analyse critique pour aider à s'interroger sur la publicité : « Que nous dit cette pub sur les femmes ? Sur les hommes ? Qu'est-ce que cette pub incite à faire ? Quel message cette pub essaie-t-elle de faire passer ? Quel est le lien entre ce produit et l'utilisation du corps féminin ? »

Contre l'érotisation des petites filles dans les magazines et la publicité, des pédiatres se sont mobilisés en janvier 2011 : ils ont adressé une lettre aux pouvoirs publics (Premier ministre, ministre de la Santé, députés et sénateurs). Les signataires demandaient à l'ARPP de faire respecter les principes déontologiques qu'elle a énoncé sans les faire appliquer, et qu'un réel débat de société s'engage « sur le mode d'éducation de masse implicite que représente la publicité ».

L'émancipation, c'est aussi, à terme, parvenir à se libérer des stéréotypes, déconstruire la notion de Beauté, le modèle du couple idéal, les pratiques et les imaginaires liés à l'érotisme patriarcal (hiérarchie actif/passif, focalisation sur le plaisir génital et le coït, performance de l'orgasme, le plaisir comme un dû, etc.). C'est démonter systématiquement les mythes qui entourent le viol et la violence. C'est combattre la crédulité et l'ignorance pour inciter à renoncer à courir après des promesses miraculeuses. C'est donner plus d'importance à l'estime de soi qu'à la conformité à la norme, et aux relations égalitaires plutôt qu'à la concurrence et à la compétition. C'est apprendre à respecter son propre corps et le corps des autres comme une base élémentaire de relations égalitaires et solidaires. Ce qui peut contrer l'influence des publicités sexistes, c'est tout ce qui peut ouvrir des espaces d'action collective autour de ces questions. C'est aussi une éducation féministe, qui apprend aux garçons et aux filles à s'accepter comme semblables et égaux et non comme fondamentalement différents et pris obligatoirement dans un rapport de domination.

CONCLUSION

La publicité, qui se présente comme divertissante, drôle, esthétique ou « branchée », joue un rôle pernicieux pour ancrer dans les mentalités une idéologie profondément injuste et inégalitaire. Le style des images et des slogans publicitaires est travaillé pour plaire à la jeune génération, mais leur sens et leur contenu diffusent très souvent des formes de domination : la réification du corps féminin, le culte d'une sexualité machiste, l'idéalisation de la maternité, le carcan de la virilité, l'obligation de l'hétérosexualité, etc. Ces images ont une immense puissance de persuasion parce qu'elles sont « séduisantes ». Elles participent à faire accepter des stéréotypes et des schémas qui fondent la culture sexiste, de la même manière que d'autres images sexistes (dans la pornographie, dans le cinéma, dans les médias, etc.).

En effet, les images peuvent servir de vecteur à une domination sociale. Les militantes et les penseuses féministes des années 1970 qui ont étudié l'histoire des représentations culturelles ont produit une analyse précieuse à ce sujet [1]. Elles ont montré que l'un des pouvoirs de la culture machiste et hétérosexiste est de produire un discours et des images circulant massivement dans l'espace social et qui définissent l'identité des groupes sociaux dominés. Les images sexistes, en particulier, définissent les femmes comme des objets (et non comme des sujets à part entière). Comme l'explique l'artiste féministe Valie Export, « l'homme a défini l'image de la femme pour l'homme et pour la femme » au travers des médias et des formes de communication, que ce soit la science, l'art ou les images. « Les hommes ont projeté leur image de la femme dans ces médias, et au travers de ces schémas médiatiques ils ont donné forme à “la” femme[2]. » C’est ce regard masculin dominant qui est à l’œuvre dans la publicité.

Il faut prendre au sérieux les images publicitaires. Dans la rue, elles contribuent à instaurer un espace public saturé de sexisme. Ces stéréotypes se constituent en références, deviennent des valeurs communes, s’immiscent en nous et encouragent à considérer le sexisme comme « naturel ». Il est essentiel de battre en brèche l’idée que la Nature est à l’origine de l’organisation des rapports sociaux en général. Cette idée conduit à penser que « ce qui est ne peut être autrement », comme autrefois l’ordre divin. Elle fait oublier que toute société est le fruit d’une histoire et de rapports de force entre des groupes sociaux et économiques. Elle dépolitise la réalité sociale et neutralise les perspectives de changement.

Notre société sexiste est bien le fruit d’un système social dominant qui l’a imposée. Comme l’a analysé la pensée féministe, ce système se traduit par des mécanismes d’oppression sociale à l’œuvre au quotidien (et dont on n’a pas toujours conscience) : la discrimination sur divers plans (l’orientation scolaire, la politique, la culture, etc.), l’appropriation (le fait que le corps des femmes soit considéré comme la propriété des hommes, dans les rapports sexuels, notamment), l’exploitation (le travail domestique n’est pas reconnu comme un travail ; les salariées sont sous-payées), la division du travail (les tâches subalternes sont réservées aux femmes, les fonctions supérieures aux hommes), la violence sexiste. L’oppression des femmes est irréductible à une autre forme d’oppression (le racisme ou le capitalisme, par exemple) et elle est présente dans toutes les cultures et les classes sociales. Elle s’articule avec l’hétérosexisme, c’est-à-dire l’oppression des homosexuels, des lesbiennes et des personnes des deux sexes jugées non conformes à leur genre.

Ces formes de domination se maintiennent notamment avec la construction du genre, un mécanisme culturel concret qui reproduit et inculque les identités stéréotypées. Selon lui, les femmes devraient être belles, séduisantes, vulnérables, faibles, et dépendantes d'un homme. Elles devraient nécessairement élever les enfants et entretenir le foyer puisque ce ne serait pas un travail mais l'expression de leur « nature » profonde. Les hommes devraient être puissants, sûrs d'eux, infaillibles, et ne pas se « rabaisser » à effectuer des tâches jugées « féminines ». Ils devraient nécessairement avoir une sexualité pulsionnelle avec des femmes et s'exprimer par la violence, ce qui serait une manifestation « naturelle » de leur virilité. On le voit, ces rôles schématiques impliquent des rapports sociaux inégalitaires où les hommes sont hommes parce qu'ils dominent les femmes (et les hommes non virils). En relayant ce modèle, la publicité participe à fabriquer au quotidien les identités féminine et masculine. Et donc la domination.

L'un des effets du publisexisme est de rendre « sexy » cette domination sociale. Au travers du culte de la Beauté, il laisse croire aux adolescentes et aux femmes que l'on peut être libre, autonome et épanouie en restant à une place d'objet aux yeux des hommes. En glorifiant le narcissisme, il les invite à aimer être dominées et, d'une certaine façon, à désirer leurs chaînes. En faisant l'apologie du voyeurisme, il invite les hommes à mettre à distance les femmes, à les considérer comme étant d'une nature différente et à les désirer quand elles leur sont inférieures. Le publisexisme participe donc du système d'oppression sexiste et hétérosexiste. Ce système est d'autant plus puissant qu'il est difficile à percevoir, car nous baignons dedans en permanence et au quotidien.

Il est donc essentiel de pointer du doigt les lieux où se reproduisent les stéréotypes sexistes. L'intérêt de la publicité sexiste est qu'elle donne à voir comment opère le mécanisme social de la construction de la virilité et de la féminité. En la dénonçant, on peut mettre à jour l'idéologie de la société patriarcale – c'est ce que nous avons tenté de faire avec cet ouvrage.

La critique de la publicité sexiste articule plusieurs niveaux. Elle permet de repolitiser les images publicitaires et l'espace public lui-même, et de réfléchir aux médias, à la consommation et au capitalisme. Elle permet aussi d'aborder des thématiques associées à la construction de l'individu (l'identité, l'intimité, les rapports privés, etc.), la question des rapports sociaux (les préjugés, les formes de violence, le mépris, la domination, etc.).

Nous ne pensons pas que la publicité puisse devenir féministe ni qu'elle puisse être moteur d'un changement vers un modèle social plus égalitaire. Les images publicitaires s'appuient sur les stéréotypes existants pour être efficaces, car ce sont des signes compréhensibles immédiatement par tous. Elles sont de purs produits qui ne reposent sur aucune complexité humaine. Rappelons-le, elles n'ont qu'un seul but : promouvoir des marques et faire vendre. Elles diffusent des valeurs consuméristes et ultralibérales, et non des modèles d'émancipation.

De notre point de vue, l'égalité véritable entre hommes et femmes doit passer par la fin de l'exploitation économique des femmes et de leur appropriation, donc par un changement de société. Cela implique de s'attaquer aux situations matérielles (l'organisation politique, la division sexuelle du travail). Cela signifie, pour les femmes, se réapproprier le contrôle de leur corps, répartir les tâches domestiques et familiales entre hommes et femmes, répartir également les richesses entre hommes et femmes. La fin de l'oppression sexiste et hétérosexiste viendra aussi de la disparition des modèles de féminité et de virilité qui justifient et renforcent les dominations. Ces modèles ne seraient alors plus des piliers de la société. L'égalité entre les individus deviendrait primordiale. Homme ou femme, personne ne serait considéré systématiquement comme un objet, dans les images comme dans la réalité.

La lutte contre les stéréotypes dans la publicité permet d'affirmer que ces stéréotypes sont construits socialement, qu'ils sont politiques et non naturels, et que nous pouvons les déconstruire et en construire d'autres. Cette lutte est donc à articuler avec les luttes sociales pour l'application concrète des droits des femmes, des homosexuel-le-s et des personnes transgenres. Elle est à articuler aussi avec le combat pour une éducation non sexiste qui recherche l'épanouissement de personnes autonomes et solidaires plutôt que la conformité des filles et des garçons aux rôles sociaux traditionnels, une éducation qui offrirait aux enfants d'autres modèles identitaires que ceux des femmes-publicité et des hommes-publicité.

ANNEXES

ANNEXE N°1

« LA FEMME, LA PUB, LA HAINE »

Un article sur la publicité sexiste de Simone de Beauvoir, auteure du *Deuxième Sexe*, paraît dans *Le Monde*, le 4 mai 1983. Ce texte s'inscrit dans le débat qui oppose les défenseurs du « Projet de loi relatif à la lutte contre les discriminations fondées sur le sexe » déposé le 9 mars 1983 par Yvette Roudy, ministre des Droits de la femme et ceux qui le condamnent. Ce texte visait à instituer l'incrimination de discrimination sexiste dans « le domaine qui touche aux supports de l'écrit, de la parole ou de l'image, distribués, proférés ou exposés dans les lieux public », et notamment dans la publicité. Il a déclenché des attaques extrêmement virulentes. Voté en Conseil des ministres, il n'a jamais été présenté à l'Assemblée.

S'il n'était si consternant, le déferlement de misogynie soulevé par la loi antisexiste de Mme Yvette Roudy mériterait de déchaîner des fous rires. Ces messieurs – et dames – qui reprochent aux féministes de manquer d'humour s'en montrent regrettablement dépourvus. Avec quelle pompe ils font appel à leur sens des responsabilités, à leur conscience professionnelle pour revendiquer le droit d'afficher sur les murs les images qui – à leur idée – rempliront le mieux leurs poches ! Ils n'hésitent pas à invoquer les plus hautes valeurs culturelles : d'après eux la publicité nous abreuverait de beauté, et ce serait manquer de tout sens esthétique que de ne pas assimiler ses créations aux plus célèbres tableaux du Louvre, ses « messages » aux grandes œuvres de la littérature française.

Tant de lourde prétention confond ! Mais avant tout, ils sont inspirés, disent-ils, par le respect de la sacro-sainte liberté : laquelle ? La loi qui permet aux femmes de choisir librement leur maternité serait « une interférence dans la vie personnelle » et donc une atteinte à la liberté. (Il est vrai, que il y a cent ans, quand s'ouvrit à Rouen le premier lycée de filles, il se trouva des hommes pour déclarer que c'était là une atteinte à la liberté.)

Liberté ! Que d'imbécilités on profère en ton nom ! On s'en autorise, par exemple, pour comparer Yvette Roudy à un ayatollah ; je ne sache pas qu'elle ait demandé à ses compatriotes de porter le tchador, ni incité à la lapidation des femmes adultères. Et quel rapport entre la reine Victoria et la femme qui a fait voter la gratuité de l'IVG ? Je ne vois rien d'humoristique ni de finement spirituel dans ces gros sarcasmes haineux.

Certains préfèrent des arguments qui leur semblent plus sérieux. *La Croix*, dont on connaît l'effort soutenu en faveur de la libération sexuelle, accuse Yvette Roudy de vouloir interdire l'amour et le plaisir. Mme Giroud – entre autres – lui reproche de brimer « le droit aux fantasmes ». Les gens ne pourraient donc inventer leurs rêves qu'à partir des plates images publicitaires ? Il n'est pas besoin d'être grand psychologue pour savoir que les fantasmes ont de tout autres origines.

Cependant pour répondre à ces attaques, le « clin d'œil ironique », le « coup de coude » complice ne suffisent pas. Car cette petite minorité de profiteurs, enragés comme des chiens à qui on menacerait de retirer leur os, risque de nuire, tant leur campagne est solidement orchestrée : ils sont soutenus par de nombreux journalistes car les journaux – sauf *Le Canard enchaîné* qui, justement, n'a guère pris part à cette opération – vivent en grande partie de la publicité. Il faut donc dénoncer plus précisément la mauvaise foi des arguments invoqués.

D'abord, l'amalgame. La loi ne concerne ni les livres, ni les films, ni les tableaux, ni aucune création artistique ; elle ne s'en prend pas non plus aux revues, aux magazines. Seule la pub est visée, car elle seule, au lieu de se proposer à des libertés, s'impose aux regards qui, bon gré, mal gré, la subissent. Personne ne s'indigne qu'on réprime la liberté des exhibitionnistes : certaines exhibitions publicitaires ne sont pas moins choquantes ; il me paraît logique d'en protéger les passants. Cette protection est d'ailleurs fort discrète. On brandit le mot de censure, mais il ne s'agit de rien de tel : la loi accorde seulement aux femmes qui se sentent agressées un pouvoir de contestation, un contre-pouvoir de régulation démocratique. En fin de compte, ce seront les juges qui décideront du bien-fondé de leur protestation.

Pourquoi les femmes ? Parce que ce sont elles qui sont en question ; ce sont elles dont la pub, pour vendre ses produits, propose des images avilissantes. Jamais un homme. Sauf autrefois, des Noirs. Mais la loi antiraciste a rendu impossible les « Banania-y'a bon » de mon enfance. On nous dit que les lois ne peuvent rien, que le racisme est demeuré aussi vivace depuis la loi antiraciste. Il y a mille raisons pour qu'il n'ait pas désarmé. Du moins, ne s'exprime-t-il plus tout à fait impunément. Certaines affiches ont disparu de nos murs. À la suite de quelques procès, les cafetiers n'osent plus refuser de servir des « bicots » ou des « nègres ». Une loi ne change pas du jour au lendemain les mentalités, d'accord. Mais elle contribue à les former. Une sotte demandait dans *Le*

Nouvel Observateur : « Suffit-il de brûler les images pour libérer les femmes ? » Non, bien sûr, ce serait trop simple. Mais il n'est pas inutile d'agir sur les images. Les enfants aussi ont des yeux, les images s'impriment en eux. Éviter qu'elles ne leur inspirent le mépris de la femme serait déjà une victoire.

Il paraît inconcevable à ces messieurs qu'un corps de femme puisse être utilisé comme « support publicitaire » sans qu'on lui inflige une attitude dégradante. Refuser cet avilissement serait interdire toute image de femme et, par extrapolation, toute image. Un monde sans images ? C'est l'austérité tyrannique des pays de l'Est ! Le goulag n'est pas loin... Ces insinuations absurdes trouvent des oreilles complaisantes chez les ennemis du régime, car il ne faut pas oublier que cette campagne est – et peut-être essentiellement – politique.

Cependant, cet aspect est plus ou moins masqué. Ce qu'on dénonce bruyamment, ce sont les excès auxquels, fortes de la loi Roudy, vont se livrer les féministes. Les publicistes répètent à cor et à cri qu'il faut faire confiance aux femmes. Alors ? Alors, les féministes ne sont pas des femmes. On reprend contre elles les arguments les plus éculés. Elles sont « torturées, mal dans leur sexe », déclare M. J.-F. Fabry, éminent inventeur de la femme ligotée, portant des jeans Buffalo. « Ce sont des intellectuelles qui n'ont pas de contact avec la réalité » diagnostique un autre. Je connais des féministes médecins, avocates, ingénieurs, mères de famille : il ne me semble pas que le directeur d'une agence publicitaire ait, *a priori*, de meilleurs contacts avec la réalité ; à moins que « réalité » ne signifie pour lui le fric dont il a certainement une expérience plus enrichissante. Quoi qu'il en soit, il faut le répéter, ce ne sont pas les associations qui trancheront, mais des juges. Tout ce que nous espérons c'est que la perspective d'un procès puisse avoir – comme dans le cas du racisme – un effet dissuasif.

Ce qu'il y a de consternant dans toute cette affaire, c'est la vraie raison d'une telle levée de boucliers.

Contraints et forcés, les hommes renoncent à se targuer ouvertement de leur supériorité dans le domaine économique : contre l'égalité des salaires, contre la non discrimination des emplois, ils mènent des luttes plus sournoises. Mais ils demeurent profondément convaincus que la femme est un objet à manipuler, qu'ils sont les maîtres de cette manipulation. On ne les changera pas de sitôt. Mais toute démarche qui met obstacle à leur prétention dominatrice devrait être accueillie avec reconnaissance non seulement par les féministes, mais par toutes les femmes, du moins par celles qui refusent de se laisser mener à la baguette, fût-elle ornée d'un diamant.

Simone de Beauvoir

ANNEXE N°2
« VOUS OCCUPEZ L'ESPACE PUBLIC AVEC VOS PUBS, NOUS OCCUPONS VOS BUREAUX ! »

Tract diffusé par le Collectif contre le publisexisme lors de l'occupation de l'agence de publicité Fred et Farid, à Paris, le 14 mai 2009, pour dénoncer le sexisme de la campagne de publicité Orangina.

FINANCÉE notamment par Bolloré, cette « nouvelle » agence de pub utilise les mêmes vieilles recettes sexistes que ses aînées. Les fondateurs sont passés notamment par Publicis, ils ont donc été à bonne école en la matière !

Outre la campagne que nous avons renommée Mach'Orangina, on note parmi leurs peu glorieux faits d'armes :

- le mépris de la vie et la glorification de l'argent : avant de monter leur propre agence, ces « créatifs » s'étaient fait remarquer en produisant pour un site d'enchères sur Internet un film montrant des pompiers sauvant les habitant-e-s d'un immeuble en flamme… mais seulement les plus offrant-e-s !
- les classiques du publisexisme : une campagne pour Dim, les « Dim Dim girls », montrait des femmes en sous-vêtements mimant les moments types d'une partie de rugby : *haka*, coup d'envoi, plaquage et… 3e mi-temps ; toutes minces (et de la même taille), sans un poil, majoritairement blanches, des corps quasi identiques que l'on retrouve dans toutes les pubs et qui incarnent les clichés de la beauté fémi-

nine ; au passage est aussi réaffirmé le stéréotype des femmes-acheteuses compulsives avec la présence d'une référence aux soldes sur l'affiche mettant en scène le coup d'envoi ; pour couronner le tout cette campagne a été assortie d'une opération « mannequins vivants » dans un stade de rugby en octobre 2007 ;

- l'exaltation de la virilité : pour le parfum Only for the brave de Diesel en 2008, leur film publicitaire met en scène un homme et ses muscles passant son temps à sprinter – le slogan en rajoute : « une question d'affirmation de soi, de courage et de force » ; pour un autre parfum de la même marque, les accroches sur le site sont « je suis une femme à la recherche d'expériences illimitées » et « je suis un homme un vrai mais je souhaite être éclairé sur les mystères féminins » – attention il ne faudrait pas confondre les versions femme et homme d'un parfum, qui sait ce qui pourrait bien arriver ;
- la déshumanisation : pour les jeans Wrangler leur slogan est « we are animals » – à en juger par les images l'accompagnant, il s'applique essentiellement… aux femmes ; comme avec Mach'Orangina la référence à l'animalité des humains n'est ici qu'une façon de renforcer les stéréotypes de genre en les présentant comme naturels : femmes fines, femmes proies, *versus* hommes forts et protecteurs.

ANNEXE N°3
RÉPONSE À VOS OBJECTIONS

Tract diffusé en 2002 et 2003 à Paris, signé par le Collectif contre le publisexisme et La Meute.

« La publicité sexiste ne me pose pas de problèmes, car...

« La pub, ça ne me fait rien ! »

Si la publicité n'avait aucun impact, pourquoi des entreprises dépenseraient-elles autant d'énergie et d'argent ? L'effet des campagnes est bien réel sur les ventes. Même si nous n'en avons pas conscience, la publicité nous influence ; c'est pourquoi ses clichés sexistes sont si dangereux. Sauf à prendre du recul pour les analyser...

« Aujourd'hui, on a l'égalité ! »

En France, à travail égal, les femmes gagnent en moyenne 15 % de moins que les hommes. Elles accomplissent les deux tiers des tâches ménagères et des soins aux enfants. Elles sont 60 % des chômeurs et 80 % des travailleurs à temps partiel, en grande majorité non volontaires. Sans compter les viols et les violences sexuelles dont sont victimes femmes et filles, il y a au moins deux millions d'hommes qui battent leur femme ou leur compagne et qui, pour 300 à 400 d'entre eux chaque année, vont jusqu'à la tuer.

« La pub, ce n'est pas grave ! »

Pourtant, les conséquences désastreuses de la publicité sont de mieux en mieux connues. Conditionner le public en imposant des normes de beauté physique est une violence qui a pour conséquences mal-être, anorexie et boulimie, demandes de chirurgie esthétique, etc. Présenter des femmes de manière dégradante ou les limiter à un rôle d'objet sexuel participe du machisme de notre société, où les victimes des violences entre les sexes sont à 99 % des femmes. La publicité elle-même banalise ces violences.

« La pub, c'est drôle ! »

Certains rient aussi à des blagues racistes ou homophobes, que d'autres ne trouvent pas drôles. L'humour ne peut pas servir de prétexte pour faire passer un message qui dévalorise les femmes, qui ravale la sexualité au rang d'une marchandise, qui banalise la violence ou qui renforce des clichés sexistes.

« C'est beau, c'est de l'art. »

Si une publicité sexiste semble belle, elle n'en est que plus efficace, mais la beauté n'est pas son but. Il ne s'agit pas d'art et, s'il est invoqué, c'est comme alibi. La publicité relève du commerce : il s'agit de vendre un objet, de faire connaître un nom.

« Elles sont belles, ces femmes… »

Ces femmes, belles selon la mode d'aujourd'hui, sont beaucoup plus maigres que la moyenne des femmes, et leurs jambes sont souvent allongées à l'ordinateur. Elles sont quelques centaines à représenter un modèle inaccessible, qui s'impose à trois milliards d'autres femmes : beaucoup rêvent de leur ressembler. Exposer ainsi leur corps, c'est le traiter comme une marchandise, pour susciter un désir, une frustration, qui se reporteront sur l'objet qu'on veut nous faire acheter.

« Les hommes aussi sont utilisés dans des pubs. »

La symétrie est trompeuse, car la nudité masculine n'a pas le même sens d'invite à la consommation ; si l'homme nu est le plus souvent jeune et beau comme une statue grecque, les publicités représentant des hommes illustrent presque toujours des clichés sexistes : l'homme protecteur, actif, dominateur. Quant à la situation inversée, l'homme dominé par une géante ou par une mégère, elle détourne le public du problème de la violence réelle, qui est à 99 % masculine.

« Ça a toujours existé, ce genre de pubs ! »

Et alors ? Ce n'est pas une raison pour s'y résigner ! Les temps changent : d'après des enquêtes récentes (juin 2001), la majorité des Français critiquent le sexisme de la publicité. Autrefois, il y avait des publicités racistes, comme « Y'a bon Banania ! » Les esprits ont évolué à ce sujet, et il en ira de même pour le sexisme. Un jour, on aura du mal à comprendre qu'on ait pu utiliser des images de femme sexy pour vendre une tronçonneuse, un yaourt ou une voiture.

« On ne peut rien faire. »

Si, on peut résister ! Au Canada ou en Suède, la publicité est devenue moins sexiste.

Refusons d'acheter les produits vantés par des publicités sexistes !

Écrivons à leurs responsables, car ils tiennent compte des réactions !

Demandons une loi antisexiste sur le modèle de la loi contre le racisme de 1972 : elle avait été promise par la gauche dans son programme de 1981 !

Groupons-nous pour agir en nombre contre la diffusion de telles publicités ! L'union fait la force !

ANNEXE N°4
LES MÉDIAS PARLENT AUX PUBLICITAIRES

Textes émanant de régies publicitaires pour inciter les annonceurs à acheter des espaces publicitaires dans différents magazines.

L'argumentaire des magazines *Lui* et *Playboy*.

« La volupté inachevée, la possession imaginée sont créatrices de tensions naturellement résolues par leur transfert sur ce qui est possible, concret et réel. Les magazines *Lui* et *Playboy* dans lesquels la beauté et le luxe sont à la fois offerts et retenus, dénouent nécessairement les pulsions qu'ils font naître en les détournant vers le contenu publicitaire du Support, transformant l'objet du désir en désir de l'objet. Ce jeu de miroir où le rêve et le vécu s'échangent apparaît comme le mécanisme le plus subtil que l'on puisse concevoir pour orienter l'esprit vers l'action, la consommation, donc l'achat. »

Source : paru dans la revue *Stratégies*, n° 164, cité par François Brune dans *Le Bonheur conforme*, Gallimard, 1981.

L'argumentaire d'un magazine féminin pour femmes adultes.

« La raison d'être du magazine X est de rendre service de la manière la plus totale à toutes les ménagères américaines ; de rendre aussi service aux publicistes – qui sont également des hommes d'affaires – dans tous les domaines qui les intéressent. Le magazine livre au publiciste une très forte clientèle de maîtresses de maison sérieuses, consciencieuses, dévouées, de femmes extrêmement intéressées par leur foyer et tout ce qui s'y rapporte, de femmes dociles et capables de payer. »

Source : cité par l'Américaine Betty Friedan dans *La Femme mystifiée*, Gonthier, 1971 (trad. de l'américain, édition originale, 1963).

L'argumentaire d'un magazine pour jeunes filles.

« Elle lit le magazine X de la première à la dernière page. Elle y apprend à acheter, à cuisiner, à coudre et tout ce qu'une jeune femme se doit de connaître. Elle compose sa garde-robe grâce aux conseils du magazine X; sur ses conseils elle se maquille et elle consulte le magazine X pour savoir tout ce qu'une jeune femme doit savoir... Il faut la voir acheter d'après les annonces du magazine X. C'est en lisant le magazine X qu'elle prendra l'habitude d'acheter judicieusement. Il est plus facile de prendre une habitude que de la perdre. (Vous devez savoir que le magazine X - unique en son genre - est le magazine des jeunes. Il fait connaître votre publicité jusque dans les classes d'enseignement ménager des écoles supérieures.) »

Source: cité par l'Américaine Betty Friedan dans *La Femme mystifiée, op. cit.*

ANNEXE N°5
QUI VEUT DE LA BEAUTÉ DES MACCHABÉES ?

Un tract-poème du collectif Klito (groupe non-mixte féministe et libertaire), qui a été collé sur les murs parisiens en juin 2005.

On nous veut BELLES
Copies homogènes, clichés ambulants,
Mimes des canons, conformes physiquement.
Femmes-sandwiches, sculptures portables,
Potiches fragiles, fillettes manipulables,
Occupées à émettre les signaux entendus de la féminité.
Bibelots esthétiques aux poses de cadavre,
Accessoires d'un sinistre sacrifice à Éros.

On nous somme d'être LISSES,
Canes laquées, poupées de cire,
Viandes apprêtées, glacées comme le papier,
Masque pétrifié, pores aseptisés.
Cassantes, étroites, friables,
Femmes-brindilles près de chavirer.
Gabarit de lévrier, prunelles étudiées.
Éteintes et sans ombres,
Femmes, c'est-à-dire diaphanes,
Faméliques et creuses
Comme un vase.

On nous rêve consumées.
Dépression et culpabilité rendent si désirables.

Notre ultime cosmétique étant la privation.
Muettes comme une tombe, figées comme le stylite,
Prises dans les filets du mythe.
Sans appétit ni regard,
Asphyxiées par la fascination,
Sur le piédestal de l'imaginaire mâle.

On nous aime embaumées,
Pauvres choses éthérées,
Femmes-nuages, femmes-fumée.
Sans consistance ni états d'âme :
Apparitions évanescentes,
Hologrammes d'un idéal.
Revenantes de nous-mêmes :
Le charme des macchabées.
Belles et bien MORTES, momifiées,
Comme Narcisse, ensorcelées,
À trop se mirer dans les icônes de la publicité.
Nulle n'est soluble dans le fantasme.
Seule issue : briser le miroir pervers de la Beauté,
Piétiner nos illusions,
Démolir nos cages intérieures.
Et reprendre notre souffle, notre substance, notre
épaisseur.
Retrouver notre place, notre chair, notre voix.
Hurlons nos refus,
Clamons nos désirs,
Habitons nos corps.
Revenons à nous !

ANNEXES N°6

HISTORIQUE DES ACTIONS DU COLLECTIF CONTRE LE PUBLISEXISME

Le Collectif contre le publisexisme (CCP) a organisé de nombreux débats, participé à des actions contre la publicité notamment dans le métro, et effectué régulièrement des collages. De 2002 à 2009, le collectif a participé aux campagnes contre les jouets sexistes, en décembre, à Paris. Voici quelques-unes de ses actions les plus marquantes contre la publicité sexiste.

2001

Octobre : Des militant-e-s de différents groupes libertaires inventent le terme « publisexisme » et fondent le Collectif contre le publisexisme, à Paris, pour lutter contre les stéréotypes sexistes véhiculés par la publicité. Le collectif est mixte et privilégie l'action directe dans les luttes.
Diffusion de tracts devant un magasin Sinéquanone contre une des publicités de l'enseigne.

Novembre : Action au salon Paris-Photo contre l'exposition des images publicitaires du photographe David La Chapelle pour la marque Lavazza.

Décembre : Action dans un supermarché contre la campagne Lavazza.

2002

Février : Action contre la campagne publicitaire pour les soldes des Galeries Lafayette, avec La Meute, rassemblant plus de 200 personnes.

Mars : Nouvelle manifestation festive contre les Galeries Lafayette.

Mai : Occupation de l'agence de publicité Publicis. Action contre la fête des mères dans le cadre du Festival des résistances et des alternatives à Paris (FRAP).

Novembre : Diffusion de tracts contre une campagne publicitaire de Dior.

2003

Mars : Diffusion d'une plaquette *Les Femmes dans l'histoire*, avec Mix-Cité.

Mai : Occupation de l'agence Publicis, contre la publicité pour la marque Barbara.

Mai : Agit-prop contre la fête des mères devant le magasin La Samaritaine, avec Mix-Cité.

Octobre : Diffusion de tracts contre la campagne Sloggi devant des grands magasins parisiens.

2004

Février : Action contre les campagnes des magasins C&A et H&M à l'occasion de la Saint-Valentin, avec Mix-Cité.

2006

Mai : Occupation de l'agence de publicité Ogilvy et Mather contre la campagne Dove, avec le collectif des Publicidaires et le Jacques Séguéla's Fan Club, dans le cadre du FRAP.

2007

Sortie de l'ouvrage *Contre les jouets sexistes* (éd. L'échappée), du Collectif contre le publisexisme et Mix-Cité.

2008

Mai : Occupation d'un magasin de l'enseigne Aubade, dans le cadre du FRAP.

Novembre : Diffusion de tracts devant un magasin Surcouf.

2009

Mai : Occupation de l'agence de publicité Fred et Farid contre leur campagne pour Orangina, dans le cadre du FRAP.

Collectif contre le publisexisme
145 rue Amelot 75011 Paris.
Mail : contrelepublisexisme@samizdat.net

LIVRES À LIRE

La Beauté m'insupporte, de Pierre Sansot, Rivages poche, « Petite bibliothèque », 2006.
Une réflexion légère et profonde sur le souci de plaire à tout prix qui sévit dans notre société.

Contre les jouets sexistes, du Collectif contre le publisexisme et Mix-Cité, L'échappée, 2007.
Dans la continuité de la campagne annuelle contre les jouets sexistes, une réflexion sur le rôle des jouets dans la construction des rôles sociaux féminins et masculins. Pour éviter de reproduire les clichés sexistes quand on offre des jouets aux enfants.

Le Corps libéré, psychosomatique de la sexualité, de Suzanne Képès, La Découverte, « La Découverte-Poche », 2003.
Une thérapeute analyse les souffrances vécues par des hommes et des femmes aux prises avec les idées fausses sur la sexualité, la jouissance et les identités de genre.

Un corps parfait, d'Eve Ensler, Denoël, « Denoël & d'ailleurs », 2007.
La femme de théâtre américaine auteure des *Monologues du vagin* raconte la tyrannie de la beauté au travers de la parole de femmes d'horizons très différents.

Dites-le avec des femmes, le sexisme ordinaire dans les médias, de Monique Trancart, Natacha Henry, Sylvie Debras et Virginie Barré, CFD-AFJ, 1999.

Pour comprendre comment les femmes sont sous-représentées dans l'information et représentées de manière stéréotypée.

La Domination féminine, une mystification publicitaire, de Vinciane Pinte, Labor/Espace de liberté, 2003.
L'auteure démonte les prétendues images de femmes « libérées » brandies comme une nouveauté par les publicitaires et montre qu'elles relèvent d'une « récupération évidente et grossière des désirs réels d'émancipation ».

L'Ennemi principal, de Christine Delphy, tome 1 : Économie politique du patriarcat, tome 2 : Penser le genre, Syllepse, 2001.
Le premier tome décortique les rapports de domination et d'exploitation des femmes par les hommes et le second creuse jusqu'aux racines de l'oppression : la vision des sexes comme deux groupes séparés.

La Fabrication des mâles, de Georges Falconnet et Nadine Lefaucheur, Seuil, 1975.
Basé sur des interviews, mais aussi sur des publicités, ce livre devenu un classique explore l'importance et les implications de la virilité quotidienne, ainsi que la façon dont elle se reproduit.

La Fabrique des filles, de Laure Mistral, Syros-Amnesty International, «Femmes ! », 2011.
L'ouvrage rappelle que les changements de société opérés depuis 40 ans n'ont pas radicalement modifié les goûts et les conduites imposés aux filles et aux femmes.

Journal d'une grosse qui réfléchit, de Françoise Leclère, La Maronie, 2011.
Ce journal intime humoristique aide à mieux prendre conscience du rejet ressenti par les personnes grosses dans un monde où la minceur règne en maîtresse absolu.

Malaise dans la sexualité. Le piège de la pornographie, de Michela Marzano, J.-C. Lattès, 2006.
Un panorama de l'industrie du sexe et une mise en lumière des mécanismes qui amènent la sexualité à devenir un bien de consommation comme un autre.

Mon corps, ton corps, leur corps : le corps de la femme dans la publicité, de Bénédicte Lavoisier, Seghers, 1978.
Une enquête sur ce que nous font les images des femmes-publicité. Sans doute le premier livre français sur le publisexisme.

Mouvements de presse, des années 1970 à nos jours, luttes féministes et lesbiennes, de Martine Laroche et Michèle Larrouy, ARCL, 2009.
Un tour d'horizon historique, critique et illustré de la presse lesbienne et féministe francophone. Pour découvrir des images alternatives et subversives.

Non c'est non. Petit manuel d'autodéfense à l'usage de toutes les femmes qui en ont marre de se faire emmerder sans rien dire, d'Irène Zeilinger, Marabout, 2008.
Un guide pratique féministe, didactique et concret, pour opérer une réappropriation et une affirmation de soi en tant que femme.

Pour en finir avec le sexisme, de Guillaume Carnino, L'échappée, 2005.
En montrant que la construction sociale du masculin et du féminin s'opère dans la publicité, dans la petite enfance, dans la sexualité, dans le travail, ce livre questionne les racines de la domination des hommes sur les femmes.

Sexe, race et pratique du pouvoir, contre l'idée de nature, de Colette Guillaumin, Indigo et Côté Femmes, 1992.
Ce recueil de textes écrits dans les années 1970 par la sociologue démonte l'idée que le sexe et la « race » sont des évidences « naturelles » donc impossibles à questionner. Un classique de la pensée féministe.

Et aussi en anglais

The Beauty Myth, How Images of Beauty Are Used Against Women *(Le mythe de la beauté - Les images de la beauté contre les femmes)*, de Naomi Wolf, Random House, 1990.
L'écrivaine américaine montre comment le mythe moderne de la beauté paticipe à remettre les femmes sous contrôle, en contribuant à les affaiblir. Très complet et documenté.

Can't Buy My Love *(Mon amour n'est pas une marchandise)*, de Jean Kilbourne, Touchstone, 1999.
L'auteure, une militante de longue date contre la publicité sexiste, décrit l'influence nocive des promesses inatteignables véhiculées par la publicité.

SITES INTERNET SUR LE PUBLISEXISME

Le Collectif contre le publisexisme : *publisexisme.samizdat.net*
La Meute des chiennes de garde contre la publicité sexiste : *www.lameute.fr*
Le groupe Mix-Cité de Paris : *www.mix-cite.org*
Le groupe Mix-Cité de Rennes : *mixcite.rennes.free.fr*
Le collectif belge Elles bougent : *www.ellesbougent.e4y.fr*

DES SITES ÉDUCATIFS

Genrimages
Ce site du centre audiovisuel Simone de Beauvoir, situé à Paris, propose des exercices, des analyses et des ressources pour apprendre à repérer et à décoder les stéréotypes sexistes dans les films, les clips musicaux, les séries télévisées, la publicité.
www.genrimages.org

Réseau éducation média
Ce site canadien de ressources en éducation aux médias et à Internet destiné aux enseignants et aux parents propose des activités à mener avec les adolescents autour des rôles sexuels, du sexe, de la violence ou encore de l'image des pères dans la publicité.
www.media-awareness.ca

Et aussi (en anglais)

About Face
Cette association américaine vise à fournir aux femmes et aux filles des outils pour comprendre et résister aux messages diffusés dans les médias qui diminuent leur estime d'elles-mêmes.
www.about-face.org

Media Watch
Cette structure canadienne utilise des méthodes éducatives et l'action politique pour dénoncer les stéréotypes abusifs et les préjugés largement répandus dans les médias.
www.mediawatch.com

FILMS SUR LA PUBLICITÉ SEXISTE À VOIR

Femmes affiches, femmes potiches, on en a plein les miches!

Ce documentaire suit un an de lutte du Collectif contre le publisexisme dans la rue, le métro, les agences de publicité.

Documentaire de Lorie Decung et Dorothée Salmon, France, 37 min (2002).

***Killing us softly* (2,3,4) (*On nous tue en douceur*)**

Depuis 1979, la féministe américaine Jean Kilbourne étudie et dénonce les images des femmes de la publicité. Cette série de conférences filmées montre en images et en parole l'évolution du publisexisme sur 40 ans.

Documentaires de Jean Kilbourne, Killing Us Softly 4: Advertising's Image of Women *(2010),* Killing Us Softly 3: Advertising's Image of Women *(2000),* Still Killing Us Softly: Advertising's Image of Women *(1987).*

No Comment

Ce petit film décrit le harcèlement sexiste qu'endurent les femmes dans l'espace public (notamment par la publicité) mais... en inversant les rôles. Ici, les objets sexuels ce sont les hommes. Ce renversement met en lumière le caractère systématique du sexisme.

Court-métrage de fiction, de Louise Lemoine Torres, (prod. Jamais Vu et Shadows Film), 8 min (1997), France.

Plaire à tout prix

Nous suivons pas à pas les étapes de la fabrication d'une campagne publicitaire pour une grande marque internationale de cosmétiques. Pour mieux connaître les mécanismes bien huilés du markéting et sa façon de faire appel à des valeurs pseudo-féministes.

Documentaire, de Fabienne Game et Philippe Lubliner, 52 min, France-Belgique (2005).

Sexy Inc. Nos enfants sous influence

Ce film met en lumière les effets de la culture hypersexuelle, omniprésente dans les clips vidéo et les publicités, sur les enfants et les adolescent-e-s. La réalisatrice montre la vulnérabilité et la résistance des jeunes, et pointe les actions possibles afin de lutter contre l'hypersexualisation. Voir également *Être ou paraître ? Les jeunes face aux stéréotypes sexuels* (2010), de la même réalisatrice.

Documentaire, de Sophie Bissonnette, 35 min, Québec (2007). Disponible en DVD.

***What are you doing tonight ?* (*Que fait-on ce soir ?*)**

La réalisatrice a suivi un groupe de femmes qui, la nuit, à Bruxelles, détournent la publicité sexiste et réinventent leurs propres slogans.

Court-métrage, de Marie Vermeiren, Belgique, 8 min (2002), Vidéo.

NOTES

INTRODUCTION

1. P. Gaborit (dir.), *Les Stéréotypes de genre*, L'Harmattan, 2009.
2. P. Gaborit (dir.), *op. cit.*
3. P. Gaborit (dir.), *op. cit.*
4. *L'Image des femmes dans la publicité*, rapport à la secrétaire d'État aux Droits des femmes et à la Formation professionnelle, Documentation française, 2002.

CHAPITRE I
POURQUOI S'ATTAQUER À LA PUBLICITÉ ?

1. Dans les années 1930. Cité par B. Abescat, dans *La Saga des Bettencourt*, Plon, 2010.
2. Ignacio Ramonet, « La pieuvre publicitaire », *Le Monde diplomatique* (juin 2001).
3. Groupe MARCUSE, *De la misère humaine en milieu publicitaire*, La Découverte, 2004.
4. Cité par Mark Tungate, *Le Monde de la pub*, Dunod, 2009 (trad. de l'anglais).
5. A. Robertson, patron de l'agence BBDO, cité par M. Tungate, *op.cit.*
6. Mark Tungate, *op. cit.*
7. « Vous seul savez ce qui est bon pour vous » : c'est le titre d'une campagne faite par les publicitaires pour promouvoir la publicité auprès du public, France (mai 2000).
8. Une affiche célèbre porte l'interpellation « We want YOU for US army » (« c'est TOI que l'armée américaine veut »). Cité par Mark Tungate, *op.cit.*
9. Voir « Les sciences humaines, un allié précieux », dans Offensive, *Divertir pour dominer, la culture de masse contre les peuples*, L'échappée, 2010.

10. « Les publicitaires s'intéressent à notre cerveau », *Le Monde*, 27 mars 2007.
11. Marie Bénilde, *On achète bien les cerveaux – La publicité et les médias*, Raisons d'Agir, 2007.
12. Voir le dossier « Comment les réseaux sociaux désocialisent », Cédric Biagini, *La Décroissance* n° 78, avril 2011.
13. En 2011, à Londres, un site Internet vendant des vêtements de toutes tailles organisait une pseudo-manifestation « contre les tailles uniques » des vêtements – des mannequins jouaient les manifestantes. *Direct matin* n° 808 (14 janvier 2011).
14. Cédric Biagini, *op. cit.*
15. Mark Tungate, *op. cit.*
16. D'après le site Internet Boursorama (www.boursorama.com).
17. Marie Bénilde, *op.cit.*
18. « M. Le Lay vend du temps de cerveau disponible », *Le Monde*, 11-12 juillet 2004.
19. « Dans le métro parisien, des panneaux publicitaires high-tech qui dérangent », lemonde.fr, 11 mars 2009.
20. Voir la série des *James Bond* (marques de voiture, de champagne, de vodka), ou le film *Minority Report* (dix-sept marques).
21. Mona Chollet, « Le cinéma sous l'empire de la publicité –Actrices ou femmes-sandwichs ? », *Le Monde diplomatique*, mai 2009.
22. Naomi Klein, *No logo, la tyrannie des marques*, Actes Sud, 2001.
23. Viviane Malher, *Souriez vous êtes ciblés*, Albin Michel, 2007.
24. Viviane Malher, *op.cit.* Sur une chaussure vendue 100 euros, 0,50 euros va à la dépense pour la main d'œuvre et 19 euros aux dépenses en publicité et en recherche.
25. *20 Minutes*, 28 janvier 2009.
26. Anne-Claude Lelieur (dir.), *De bébé Cadum à Mamie Nova : Un siècle de personnages publicitaires*, Bibliothèques, 1999.

27. Mark Tungate, *op.cit.*
28. D'après le site Internet Univers Parfums : http://universparfum.netai.net.
29. « Aubade : leçons de marketing », *Stratégies* n° 1253, 18 octobre 2002.
30. « Du bon usage des célébrités », *Stratégies* n° 1494, 27 mars 2008.
31. W. J. Thomas Mitchell, *Iconologie*, Les Prairies ordinaires, 2009.
32. François Brune, « Voir c'est croire » in *Le Bonheur conforme*, Gallimard, 2004.
33. Marie José Mondzain, *Image, icône, économie. Les sources byzantines de l'imaginaire contemporain*, Seuil, « l'ordre philosophique », 1996. Sur ce sujet voir aussi Leila, « L'hypnose publicitaire ou la perte du regard », in *Divertir pour dominer, op. cit.*
34. Marie José Mondzain, *Le Commerce des regards*, Seuil, 2004.
35. Laurent Gervereau (dir.), *Un siècle de manipulation par l'image*, Somogy, 2000.
36. Philippe Breton, *La Parole manipulée*, La Découverte, 2000.
37. Monika Karbowska, « Comment la pub a mondialisé la Pologne », in *Divertir pour dominer, op. cit.*
38. Philippe Breton, *op. cit.*
39. François Brune, *op.cit.*
40. Claude Got, « Les "déboulonneurs" de propagande », *Libération*, 5 septembre 2011.
41. Guillaume Carnino, « Consommation, aliénation », in *Divertir pour dominer, op. cit.*
42. Guillaume Carnino, *ibid.*
43. Dominique Quessada, *La Société de consommation de soi*, Verticales, 1999.
44. Extraits d'une interview de Joanta Bak, de l'agence de conseil en gestion de marques Intuition, « Des formes nouvelles, mais pas d'idées nouvelles ? », *Marketing*

Magazine, n° 73, 1er octobre 2002. Voir aussi « Les ados ou la génération moi d'abord », *Marketing Magazine*, n°111, 1er mars 2007.

45. Laurent Gervereau, *Ces images qui changent le monde*, Seuil, 2003.
46. Sous la forme d'objets « réclame », de panneaux sur lieux de vente, de tôles publicitaires pour les camions.
47. Camille Favre, *La Pin-up et ses filles*, mémoire de Master 2, université Toulouse Le Mirail, Histoire des civilisations modernes et contemporaines, 2007. «
48. Avenir, slogan final « l'affichiste qui tient ses promesses ».
49. François Brune, *op. cit.*
50. Synthèse de la campagne contre les publicités sexistes de l'Association contre les violences faites aux femmes au travail (AVFT), volume 18, numéros 3-4, 1997.

CHAPITRE 2
LE PUBLISEXISME : L'IMAGE DES FEMMES

1. Cité par François Brune, dans *Le Bonheur conforme*, Gallimard, « Le monde actuel », 1981 et 1985, p. 232.
2. Estelle Lebel, « Images et sens. De l'ordre visuel patriarcal et marchand », *Recherches féministes*, vol.18, 2005.
3. Georges Vigarello, *Histoire de la beauté - Le corps et l'art d'embellir de la Renaissance à nos jours*, Points, 2007.
4. Ces marques ont été condamnées à inscrire sur leurs affiches « réalisé avec trucages », d'après *Métro*, 27 septembre 2007.
5. Cité par Georges Vigarello, *op. cit.*
6. Pour une critique du contenu de ces journaux, voir l'article de Mona Chollet, « Les fiches cuisines idéologiques de *Elle* », dans Olivier Cyran et Mehdi Ba, *L'Almanach critique des médias*, Les Arènes, 2005.
7. Georges Vigarello, *op. cit.*
8. Noms des produits et des marques concernés : « crème

gamme Liposyne » (Vichy, L'Oréal) ; « soin densifieur » (Novadiol) ; « soin capillaire » (Dercos) ; « soin de jour anti tâches brunes » (Novadiol) ; « lait nutritif redensifieur » (Novadiol).

9. Notamment la Ligue internationale pour la réforme du vêtement féminin et la Ligue des mères de famille.
10. Georges Vigarello, *op. cit.*
11. Martin Monestier, « Poil, arrachage et épilation », dans *Les Poils, histoires et bizarrerie*, Cherche-midi, 2002.
12. Martin Monestier, *op. cit.*
13. Cindy Crawford citée par Jean Kilbourne dans son film *Killing us softly*.
14. Erving Goffman, « La ritualisation de la publicité », dans *Les Moments et leurs hommes*, Seuil, 1988 (trad. de l'américain). Voir aussi l'article de Valérie Brunetière, « Images actuelles du sexisme ordinaire », dans Christine Bard (coord.), *Un siècle d'antiféminisme*, Fayard, 1999.
15. Erving Goffman, *op. cit.*
16. *Rayon lingerie - Un siècle de publicité*, catalogue de l'exposition présentée à la bibliothèque Forney, Syros, « Alternatives graphiques », 1992.
17. La marque a exploité cette série dans des produits dérivés (calendrier, etc.) qu'elle tente de faire passer pour de la création en les vendant dans un lieu de l'art contemporain, le Palais de Tokyo à Paris.
18. La pornographie définie comme le film ou l'image qui « reproduit des actes sexuels non simulés, effectués de façon stéréotypée par des professionnels et détachés de toute relation affective ou personnelle ». Alain Corbin, Jean-Jacques Courtine, Georges Vigarello, *Histoire du corps, op. cit.*
19. Voir à ce sujet l'article « Racolage publicitaire », du Collectif contre le publisexisme, paru dans *Offensive*, n°16 (2007).
20. Michelle Perrot, préface à *Un siècle d'antiféminisme*, Fayard, 1999.
21. Voir à ce sujet l'article « *Les ados à l'écoute du machisme* »,

Adélaïde Robault, Elodie Mielczareck, dans *Causette* n°15, juillet-août 2011.

22. Décrit dans le hors-série *À bas la pub!* de Charlie Hebdo, 2001.
23. Béatrice Cornet (dir.), *Grain de beauté*, Somogy, 1993, p.26.
24. Valérie Brunetière, « Enfin libres de choisir nos chaînes... », *Le Monde diplomatique*, mai 2001.
25. *La Domination féminine : une mystification publicitaire*, Labor/Espace de liberté, 2003. Elle s'appuie sur la démarche méthodologique d'Erving Goffman, *Gender Advertisments*, Harper and Row, 1979.
26. Campagne « Bolero soutient les femmes » ; un autre slogan était : « Elles veulent que les cheveux poussent de six centimètres par mois. »
27. Thierry Devynck (coord.), *Le Plumeau, la cocotte, et le petit robot, un siècle d'arts graphiques et d'arts ménagers*, Somogy-bibliothèque Forney, 1994.
28. T. Devynck, *op. cit.*
29. Naomi Wolf, *The Beauty Myth - How Images of Beauty Are Used Against Women*, Harper Perennial, 2002.
30. Solange Nuizièren, « La ménagère de moins de 50 ans en 2003 : le portrait robot d'Ipsos », étude Ipsos, 2003, www.ipsos.fr.
31. S. Nuizièrem, *op. cit.*
32. Si en 1950 3 % des foyers possèdent un réfrigérateur, en 1975, 90 % des foyers en sont équipés. Cité par Thierry Devynck, *op.cit.*
33. Thierry Devynck, *op. cit.*
34. Thierry Devynck, *op. cit.*
35. Vincent Ducrotoy, gynécologue obstétricien, auteur d'une thèse sur « L'image des femmes enceintes dans la publicité » en 1993, interview pour le site Sage-femmes.ch.
36. Vincent Ducrotoy, *ibid.*
37. M. Berthélémy, dans Thierry Devynck, *op.cit.*
38. Jean Kilbourne, film *Killing Us Soflty 3 –Advertising's Image of Women* (2000).

39. Cette campagne a d'ailleurs dû être retirée par la marque suite à des plaintes à ce sujet.
40. Voir l'étude de Yann Le Bihan, *Femme noire en images. Racisme et sexisme dans la presse française actuelle*, Hermann, 2011.
41. Asli Telseren, *La Production occidentale de l'image de la femme orientale – Le cas des affiches publicitaires françaises (1880-1939)*, mémoire de Master, Université Paris VII, 2011.
42. *Grain de beauté, op. cit.*
43. Yann Le Bihan, *op. cit.*
44. Jean Kilbourne, film *Killing Us Soflty 4 – Advertising's Image of Women*, 2010.
45. Asli Telseren, *op. cit.*
46. « *Visual pleasure and Narrative Cinema* », dans *Screen*, 1973.

CHAPITRE 3
LE PUBLISEXISME : D'AUTRES CLICHÉS SEXISTES

1. *La Pensée Straight*, Amsterdam (2007), (première édition : 1980).
2. Ou encore des pompiers (tous masculins) devant leur camion, ou des ouvriers (tous masculins également) sur un chantier de construction.
3. Cité par Thierry Devynck (coord.), *Le Plumeau, la cocotte, et le petit robot, un siècle d'arts graphiques et d'arts ménagers*, Somogy-bibliothèque Forney, 1994.
4. Alain Corbin, Jean-Jacques Courtine et Georges Vigarello (dir.), *Histoire de la virilité*, 3 tomes, Seuil, 2011.
5. George L. Mosse, *L'Image de l'homme – l'invention de la virilité moderne*, Tempo, 1996-1997.
6. Jean-Jacques Courtine (dir.), *Histoire de la virilité – tome 3, la virilité en crise ? Le XXe-XXIe siècle*, Seuil, 2011.
7. Exemples du début du XXe siècle, cités par Thierry Devynck *op. cit.*

8. Alain Corbin, Jean-Jacques Courtine et Georges Vigarello (dir.), *op. cit.*
9. Laurent Gervereau, « L'homme, objet de désir », dans *Un siècle de manipulations par l'image*, Somogy, 2000.
10. Collectif, *Rayon lingerie - Un siècle de publicité*, catalogue de l'exposition présentée à la bibliothèque Forney, du 17 septembre au 28 novembre 1992, Syros, « Alternatives graphiques », 1992.
11. Une campagne qui déclencha des protestations notamment de la part d'Yvette Roudy.
12. Georges Falconnet et Nadine Lefaucheur, *La Fabrication des mâles*, Seuil, 1975, p. 55-56.
13. Voir Bénédicte Lavoisier, *Mon corps, ton corps, leur corps*, Seghers, 1978.
14. Laurent Gervereau, *op. cit.*
15. Éric Macé, *Les Stéréotypes sexistes à l'égard des pères dans la publicité*, étude sociologique pour l'Observatoire de la responsabilité sociétale des entreprises (Orse), juin 2010. Éric Macé a examiné 43 spots télé et affiches sélectionnés par l'agence de communication BETC Euro RSCG.
16. Un autre slogan de la même campagne était : « Un petit pas pour l'homme, un bond pour sa femme. »
17. Éric Macé, *op. cit.*
18. Éric Macé, *ibid.*
19. Éric Macé, *ibid.*
20. Marie-France Cyr, « Les modèles de relations hommes-femmes », in *Recherches féministes*, 2005. L'auteure y analyse 352 publicités issues de 96 numéros de quatre magazines québécois entre 1993 et 2003.
21. Voir dans le chapitre 2, partie 3, « humour misogyne », « femmes dominatrices ».
22. François Brune, « Publicité, sexualité, normalité », dans *Le Bonheur conforme*, Gallimard, 1981 et 1985.
23. Louis-George Tin, « Hétérosexisme », dans Louis-George Tin (dir.), *Dictionnaire de l'homophobie*, PUF, 2003, citant notamment Jonathan Katz, *L'invention de l'hétérosexualité*, Epel, 2001.

24. Louis-George Tin, *ibid.*
25. Samira Ouardi, « Publicité », dans Louis-George Tin (dir.), *op. cit.*
26. Louis-George Tin, *op. cit.*
27. Stéphanie Kunert, « Des fonctions du stéréotype social en publicité : les représentations des minorités sexuelles et de genre », texte extrait de la thèse de doctorat *Circulations-transformations : le stéréotype et la norme re-signifiés.*
    Vers une théorie communicationnelle des processus de stéréotypie et de normativité : les minorités sexuelles et de genre dans les discours marchands et les discours militants, université Paris IV Sorbonne (novembre 2011), p. 87-88.
28. Kunert, *op. cit.*
29. Kunert, *op. cit.*
30. Kunert, *op. cit.*
31. Fabienne Martin-Juchat, « La publicité tend à rendre esthétique le genre pornographique », cité par Kunert, *op. cit.*, p. 68.
32. Notamment dans les publicités des parfums Jean-Paul Gaultier.

CHAPITRE IV
LES EFFETS DU PUBLISEXISME

1. Jean Kilbourne dans *Can't Buy Me Love* (voir p. 216).
2. Pour les médias, voir les enquêtes de l'Association de femmes journalistes (AFJ) sur la présence des femmes dans l'information (sur www.femmes-journalistes.asso.fr). Pour la littérature, voir la critique faite par Kate Millett la littérature dans *La Politique du mâle*, Seuil,1983.
3. C'est comme une affirmation raciste répétée dans les médias ; on ne peut pas dire que celle-ci va provoquer directement des agressions racistes, mais elle banalise le racisme, qui n'est pas dénoncé. Si on assimile cette affirmation raciste, on peut davantage « tolérer » une

agression raciste.

4. Gérard Mermet, sociologue conseiller en markéting, *Francoscopie 2010*, Larousse, 2009.
5. Naomi Wolf, *Quand la beauté fait mal*, First, 1991 (traduction de l'anglais).
6. Georges Vigarello, *Histoire de la beauté : Le corps et l'art d'embellir de la Renaissance à nos jours*, Paris, Seuil, « Histoire de la France politique », 2004.
7. John Berger, *Voir le voir*, Alain Moreau, 1976.
8. Estelle Lebel, « Images et sens : de l'ordre visuel patriarcal et marchand », *Recherches féministes*, vol.18, n°2, p.1-8, 2005.
9. Georges Vigarello, *op. cit.*
10. D'après la Fédération des entreprises de la beauté (FEBEA), www.febea.fr.
11. D'après *La Tribune* du 24 janvier 2003, et *Le Monde* du 22 février 2002.
12. On sait que certains composants pétrochimiques comme les parabens, les muscs de synthèse ou les phtalates, utilisés dans l'industrie cosmétique, sont dangereux et dénoncés par Greenpeace.
13. Étude « Le développement de l'activité incite le secteur de l'Esthétique-Parfumerie à se structurer et les salariés à monter en compétences », confédération nationale de l'esthétique parfumerie, www.febea.fr.
14. Étude « Le développement de l'activité incite le secteur de l'Esthétique - Parfumerie à se structurer et les salariés à monter en compétences », confédération nationale de l'esthétique parfumerie, www.febea.fr.
15. D'après la Fédération française du prêt-à-porter féminin (www.pretaporter.com).
16. *Ibid.*
17. Étude du groupe Marketsand Markets Research.
18. Agence française de sécurité sanitaire des produits de santé (Afsapps) et Inserm
19. Ce n'est pas de la chirurgie mais ce sont des actes obligatoirement pratiqués par des médecins.

20. L'acide hyaluronique a été interdit récemment, car il perturberait les examens nécessaires au dépistage du cancer : Afsapps, « Produits injectables de comblement : décision portant sur l'exclusion de l'indication d'augmentation mammaire à visée esthétique », www.afssaps.fr, 5 septembre 2011.
21. Voir le dossier « Le corps sous contrôle », *Sciences humaines*, n°195, juin 2008. L'injection de Botox est la procédure de médecine esthétique la plus demandée.
22. Mona Chollet, « Demain, Frankenstein enlève le bas », www.peripheries.net, 30 juillet 2003.
23. Respectivement 19 % et 17 %, étude ISAPS (International Society of Aesthetic Plastic Surgery), 2009.
24. Chiffres de l'ISAPS, 2009.
25. Mona Chollet, « L'Oréal ou la science de l'éternel féminin –Les "Nations unies de la beauté" ? », *Le Monde diplomatique*, juin 2009.
26. Stéphanie Kunert, « Des fonctions du stéréotype social en publicité : les représentations des minorités sexuelles et de genre », texte extrait de la thèse de doctorat *Circulations-transformations : le stéréotype et la norme re-signifiés. Vers une théorie communicationnelle des processus de stéréotypie et de normativité : les minorités sexuelles et de genre dans les discours marchands et les discours militants*, université Paris-IV Sorbonne (novembre 2011), p. 87-88.
27. Le terme a été proposée par Anne Zamberlan, *Mon corps en désaccord*, Fixot, 1991 et *Je suis grosse et alors ? Coup de gueule contre la grossophobie*, Ramsey, 1994.
28. On considère qu'environ 10 à 20 % des personnes présentant une obésité sont atteintes de troubles du comportement alimentaire. Source : Plan national obésité 2010-2013, ministère du Travail, de l'Emploi et de la Santé, juillet 2011.
29. Interview du professeur Arnaud Basdevant, chef du Plan obésité 2010, France Culture, 30 août 2011.
30. Lire à ce sujet les récits d'Anne Zamberlan, *op. cit.*
31. Cité par Jean Kilbourne, *Can't Buy My Love*, Touchstone, 2000, p.133.

32. Étude faite à l'Institut de sciences politiques de Paris à travers l'analyse des couvertures de magazines de 1980 à nos jours ; 142 questionnaires ont été remplis : Gérard Apfeldorfer « Nues et maigres font la une », www.gros.org, 5 mars 2011.
33. Ce qu'a montré une autre étude américaine en 1999. La moitié des jeunes femmes interrogées pour cette étude rapportent qu'elles veulent perdre du poids après avoir lu un magazine féminin : A. E. Field, L. Cheung, A. M. Wolf, D. Herzog, S. L. Gortmaker et G. A. Colditz, « Exposure to the mass media and weight concerns among girls », *Pediatrics*, 1999.
34. Jean Kilbourne, *op. cit.*, p.132.
35. Carla Rice, « Des territoires occupés : nos corps », dans *Mon corps est un champ de bataille*, tome 1, Ma Colère, 2005.
36. Eve Ensler, *Un corps parfait*, Denoël, 2007.
37. Voir l'entrée « Poids », Michela Marzano (dir.), *Le Dictionnaire du Corps*, PUF, 2007.
38. L'indice de masse corporelle se calcule en divisant la masse par le carré de la taille. Cette formule est d'ailleurs peu fiable puisqu'elle ne prend pas en compte des facteurs comme le poids des os, ni la proportion de muscles et de graisses dans le corps, elle ne prend pas non plus en compte le fait que les femmes ont statistiquement plus de graisse que les hommes. *Le Dictionnaire du Corps, op. cit.*
39. Voir l'entrée « Poids », *Le Dictionnaire du Corps, op. cit.*
40. Jean-Luc Vénisse, « Mieux comprendre les troubles du comportement alimentaire », dossier « Anorexie, boulimie : prévenir, éduquer, soigner », *La Santé de l'Homme*, n° 394, mars-avril 2008.
41. Nathalie Godard, Bruno Falissard, « Troubles des conduites alimentaires : un adolescent sur quatre concerné », *La Santé de l'Homme*, n° 394, mars-avril 2008.
42. Alors que dans les années 1980 un-e anorexique pré-pubère était rare, en 2011, les services pédiatriques parisiens en recevraient deux à trois par mois. Dr Marie-France Le Heuzey, de l'hôpital Robert Debré, citée dans *Marianne*, 24 septembre 2011.

43. Muriel Darmon, *Devenir anorexique, une approche sociologique*, La Découverte, 2003.

44. Ministère de la Santé, de la Jeunesse, des Sports et de la Vie associative, « La charte d'engagement volontaire sur l'image du corps et contre l'anorexie », 9 avril 2008.

45. Noëlle Châtelet, *Trompe l'œil : Voyage au pays de la chirurgie esthétique*, Belfond, 1993.

46. Comme le note Mona Chollet, les rédactrices des journaux féminins incitent les lectrices à s'offrir une paire de seins comme on s'offre un bijou. Mona Chollet, « Demain, Frankenstein enlève le bas », www.peripheries.net, 30 juillet 2003.

47. Infection que l'on attrape à la clinique ou à l'hôpital.

48. En dix ans, les litiges auraient fait un bond de 117 %, dont le tiers serait lié à une intervention mammaire. Voir l'article « La face cachée de la chirurgie esthétique », *Le Point*, 17 octobre 2007.

49. Pierrette Bouchard et Natasha Bouchard, « L'imprégnation idéologique et la résistance : étude des réactions d'un groupe de préados à deux magazines pour jeunes filles », *Recherches féministes*, vol.18, n°1, 2005, p.5-24.

50. *Ibid.*

51. Étude réalisée par la société Kantar Media, auprès d'un échantillon de 1 900 adolescentes âgées de 11 à 19 ans, juillet 2011.

52. Estelle Lebel, « Images et sens : de l'ordre visuel patriarcal et marchand », *Recherches féministes*, vol.18, n° 2, p.1-8, 2005.

53. Muriel Darmon, *op. cit.*

54. Suzanne Képès, *Le Corps libéré : Psychosomatique de la sexualité* , La Découverte, 2003.

55. Jean-Jacques Courtine, Stéphane Audoin-Rouzeau, Antoine de Baecque, Christine Bard (dir.), *Histoire de la virilité*, volume 3, Seuil, 2011.

56. Jean Kilbourne, *Killing Us Softly.*

57. Suzanne Képès, *op. cit.*

58. Il s'agit de *Les hommes viennent de Mars et les femmes*

de Vénus, de John Gray. L'un des problèmes de cette approche est qu'elle fait peser sur la femme tout le travail relationnel, avec l'idée que c'est à elle de s'adapter à son partenaire masculin. Voir l'article « Les relations entre hommes et femmes au miroir de la littérature de thérapie de couple », de la sociologue Irène Jonas, dans *Recherches et prévisions* n°89, septembre 2007.

59. Jean-Claude Kaufmann, *La Femme seule et le Prince charmant*, Pocket, 2009 (1ère éd. 1999).
60. *L'Ennemi principal*, Syllepse, 2009
61. René Girard, *Anorexie et désir mimétique*, L'Herne, 2008.
62. Bénédicte Lavoisier, *Mon corps, ton corps, leur corps*, Seghers, 1978.
63. Michela Marzano, *Malaise dans la sexualité : le piège de la pornographie*, Lattès, 2006.
64. Suzanne Képès, *Le Corps libéré : Psychosomatique de la sexualité*, La Découverte, 2003
65. Jean-Claude Kaufmann, *op. cit.*
66. Zygmunt Bauman, *L'Amour liquide. De la fragilité des liens entre les hommes*, Hachette Pluriel, 2009.
67. Conseil du statut de la femme du Québec (CSF), *Le Sexe dans les médias : obstacle aux rapports égalitaires*, 2008.
68. *Ibid.*
69. Cédric Biagini, « Comment le capitalisme nous infantilise », *La Décroissance*, n°80, juin 2011.
70. Jules Falquet, « Guerre de basse intensité contre les femmes ? La violence domestique comme torture, réflexions sur la violence comme système à partir du cas salvadorien », *Nouvelles Questions féministes*, Vol. 18, n° 3-4. p.129-160, 1997.
71. Jules Falquet, *op.cit.*
72. Jean Kilbourne, *Killing us softly.*
73. Une femme sur dix vivant en couple a vécu ou vit des violences conjugales (Enquête nationale sur les violences envers les femmes 1999-2000), commandée par le secrétariat d'État aux Droits des femmes, coordonnée par l'Institut de démographie de l'université Paris I (Idup),

400 femmes meurent par an en France des suites de violences conjugales. Droit de Savoir, 1999, TF1.

74. Étude du Collectif féministe contre le viol, sur le viol conjugal (www.cfcv.asso.fr).
75. *Ibid.*
76. *Le poids social du viol*, étude du Collectif féministe contre le viol (2003), (www.cfcv.asso.fr).
77. D'après la Campagne féministe contre le viol 2010 (contreleviol.com). À plus de 90%, ce sont des filles et des femmes violées par des hommes.
78. Lola Lafon, *Une fièvre impossible à négocier*, J'ai Lu, 2006.
79. Stéphanie Kunnert, *op. cit.*, p. 105-106
80. *op. cit.*
81. *Rapport sur l'homophobie 2011*, SOS Homophobie, (dir. B. Girard).
82. Rapport de l'Institut national de prévention et d'éducation pour la santé (INPES) en France, août 2011.
83. Michelle Perrot, *Histoire des femmes*, tome 5. Ou Michèle Perrot, *Mon histoire des femmes,* Le Livre de poche, 2008.
84. Naomi Wolf, *op. cit.*

CHAPITRE V
LUTTER CONTRE LE PUBLISEXISME

1. « La femme, la pub, la haine », *Le Monde,* 4 mai 1983.
2. Laurent Gervereau (dir.), *Un siècle de manipulations par l'image*, Somogy, 2000.
3. Avec *Critique de la vie quotidienne,* en trois tomes, L'Arche, 1947-1981.
4. Avec *La Société de consommation ses mythes, ses structures,* Gallimard, 1970.
5. Avec *Le Bonheur conforme, essai sur la normalisation publicitaire,* Gallimard, 1985.
6. François Brune, « Images (publicitaires) : le bonheur est

dans l'illusion... », sur www.casseursdepub.org.

7. Actes Sud, 2001.
8. En 1974, puis en 1989 « Non à la femme-Kleenex! » (article publié le 5 octobre 1989).
9. « La haine de la gaieté », *Le Monde*, 11 avril 2004.
10. Lors d'un échange épistolaire avec les Amis de la Terre. Les lettres sont publiées sur le site www.amisdelaterre.org.
11. Autorité de régulation professionnelle de la publicité, *Publicité et Image de la personne humaine : bilan 2008*. Voir sur www.arpp-pub.org, juin 2009.
12. Rappelons que la publicité pour le préservatif n'a été autorisée en France qu'en 1987, et qu'à notre connaissance les publicitaires ne s'étaient auparavant pas plaints de son interdiction.
13. Alain Jaubert dans Laurent Gervereau (dir.), *op.cit.*
14. Voir Edward Bernays, *Propaganda : comment manipuler l'opinion en démocratie*, Zones, 2007.
15. À la question « Est-ce que vous vous trouvez belle ? » , seules 2 % d'entre elles répondaient « oui », et la moitié disaient se trouver trop grosse. Étude réalisée conjointement par la Harvard University et la London School of Economics, qui a interrogé plus de 3 000 femmes de 18 à 64 ans, dans une dizaine de pays.
16. Les spots publicitaires *Evolution*, et *Onslaught*.
17. Avec la ville de Tokyo. Voir l'article de Reiko Kajimoto, « L'image des femmes dans la publicité au Japon », *Lunes*, n° 24, juillet-septembre 2003.
18. En mai 2005, lors de l'occupation de l'agence Ogilvy et Matters, le Collectif contre le publisexisme a décerné le Premier prix du décervelage publicitaire à l'agence pour sa campagne « Toutes les beautés » (« Real beauty ») pour Dove (filiale de Unilever).
19. Stéphanie Kunert, « Des fonctions du stéréotype social en publicité : les représentations des minorités sexuelles et de genre », extrait de la thèse de doctorat *Circulations-transformations : le stéréotype et la norme re-signifiés. Vers une théorie communicationnelle des processus de stéréotypie et de normativité : les minorités*

sexuelles et de genre dans les discours marchands et les discours militants, université Paris IV Sorbonne, nov. 2010.

20. Cité par Catherine Laporte, « Pour les publicitaires aussi, l'image de la femme a changé », *L'Express*, 6 janvier 1979.
21. Lettre de H&M Paris au collectif Rage de nuit, datée du 31 octobre 2011.
22. La marque est The Kooples. Voir article « Une vidéo de The Kooples censurée pour apologie de la maigreur », dans Next.liberation.fr (19 mai 2011). « Ces images diffusées pour valoriser les vêtements d'une marque qui s'adresse plus particulièrement aux jeunes et, notamment, aux adolescentes, sont de nature à faire de ce type de physique un modèle et à induire des troubles du comportement alimentaire » a précisé le JDP.
23. Voir Marie-Victoire Louis, « Les campagnes de l'AVFT contre les publicités sexistes en France : 1992-1995 », *Nouvelles Questions féministes*, Volume 18, n° 3-4, p.79-115, 1997.
24. Campagne « Rent a wife », agence Emakina, 2007. Site de l'annonceur : dvdpost.be (site belge de e-commerce).
25. *Marie pas Claire* n°6, novembre 1995.
26. Ils sont allés perturber une exposition de photographies publicitaires au Carrousel du Louvre.
27. Contre la publicité pour Safari parue dans *L'Union*, 3 mars 1978. Tract diffusé dans « Mais qu'est-ce qu'elles veulent ? ». Tract de 1976, Lille, « Des femmes du MLF », document bibliothèque Marguerite-Durand, Paris.
28. Action contre Publicis suite aux publicités produites pour les sous-vêtements Barbara, avec le tract « Le sexisme, la valeur sûre de Publicis ».
29. Voir « Opel : l'humiliation des trans' comme technique de vente » à propos du spot Opel cité dans le chapitre III. Act Up-Paris, 5 mai 2006, www.actupparis.org.
30. Le Conseil de la radiodiffusion et des télécommunications canadiennes (CRTC), la Canadian Advertising Foundation et la Canadian Association of Broadcasters.
31. Reiko Kajimoto, *op. cit.*

32. Alain Jaubert dans Laurent Gervereau (dir.), *op.cit.*
33. François Brune, *op.cit.*
34. Alain Jaubert dans Laurent Gervereau (dir.), *op.cit.*
35. Estelle Lebel, « Images et sens : de l'ordre visuel patriarcal et marchand », *Recherches féministes*, vol.18, n° 2, p.1-8, 2005.
36. Les stéréotypes masculins étaient regroupés dans les catégories : « sport », « danger », « action », « personnalité », « réussite sociale », « charme viril », et les stéréotypes féminins dans les suivantes : « corps objet », « décor », « croqueuse de diamants », « bobonne » et « secrétaire ».
37. Voir le film documentaire de Sophie Bissonnette, *Sexy Inc., nos enfants sous influence*, Office national du film du Canada, 35 min, 2007.

CONCLUSION

1. Voir notamment l'anthologie de textes sur le sujet dans Helena Reckitt, Peggy Phelan, *Art and Feminism*, Phaidon, 2001 (en anglais).
2. « Woman's Art : a Manifesto », 1972.

SOMMAIRE

Achevé d'imprimer par Corlet, Imprimeur, S.A. - 14110 Condé-sur-Noireau
N° d'Imprimeur : 144026 - Dépôt légal : février 2012 - *Imprimé en France*